VORWERK
Varoma
100
90
60

Cocinar

con el robot de cocina *Thermomix*®

Incluye recetas especiales para niños

TODOLIBRO

Dirección editorial: Ana Doblado
Proceso: Antonia Mª Martínez
Textos: Archivo Susaeta / Blanca Serrano
Revisión de textos: María Forero / Ana Doblado
Diagramación: Mari Salinas / Equipo Susaeta
Estructura e integración de textos e imágenes:
Esther Paniagua / José de Haro / Equipo Susaeta

C/ Campezo, 13 - 28022 Madrid
Tel.: 913 009 115 - Fax: 913 009 110

Sumario

El robot de cocina *Thermomix*®:

Un electrodoméstico muy útil en su hogar

Es frecuente en nuestros días encontrar en los hogares de todo el mundo este maravilloso «robot» capaz de triturar, amasar, trocear, moler... ¡y cocinar!

El robot de cocina THERMOMIX® le permitirá elaborar recetas sencillas para todos los días o bien platos sofisticados para acontecimientos especiales. Está diseñada para facilitar las labores más complejas y engorrosas de la cocina diaria.

El manejo de este pequeño electrodoméstico con gran variedad de funciones es muy sencillo, simplemente deberá seguir las instrucciones de cada receta. Además, le ayudará a cocinar de manera limpia, rápida y sin necesidad de ensuciar cantidades inmensas de cacharros.

Usted no sólo ahorrará tiempo utilizando el robot de cocina THERMOMIX®, sino que además podrá dedicarse a otras tareas gracias al dispositivo que le avisa de que la comida está preparada. Este electrodoméstico le ayudará a disfrutar de una dieta sana, natural y con poca grasa.

Lo mejor de la cocina española

La cocina española constituye una de las dietas más apreciadas y variadas. La gran diversidad geográfica de nuestro país imprime carácter a muchos de sus platos. Así, los sabores, texturas e ingredientes varían dependiendo de la situación geográfica de cada región; en el Norte y en Castilla podemos degustar platos más calóricos y consistentes que en el Sur, donde los sabores a menudo se tornan suaves y los platos son más ligeros.

La base de la dieta española consiste en el consumo de pescados y carnes variados, así como de legumbres, verduras y frutas con toda su frescura. Ingredientes que se combinan con maestría para la elaboración de guisos, sopas, cremas, potajes, ensaladas o aperitivos. Las estaciones del año marcan en gran medida la dieta, ya que se consumen los productos más fáciles de encontrar en cada época del año; es decir, se pone en práctica la llamada cocina de mercado.

El robot de cocina THERMOMIX® le permitirá desterrar esa idea de que la cocina española requiere de mucho tiempo para elaborar esos deliciosos platos que tanto nos gustan: pimientos rellenos, pisto, paella y arroces caldosos, marmitaco, albóndigas, croquetas, arroz con leche... ¡todo es fácil de preparar con el robot de cocina THERMOMIX®!

Compruebe los resultados con nuestras recetas, que le permitirán combinar en sus menús el sabor de la tradición con platos innovadores y originales, todo cocinado de una forma sana y de lo más sencilla.

Algunas técnicas de elaboración

PASO A PASO

La mayoría de las recetas elaboradas con el robot de cocina THERMOMIX® son muy fáciles de preparar y no requieren gran esfuerzo. Si usted es una persona que cuida su salud y le gusta la comida sana y con todas sus vitaminas, puede sacarle partido al recipiente varoma preparando tanto verduras como pescados al vapor. Con la ayuda de un film transparente podrá también hacer la carne al vapor en el recipiente varoma y al

Rollo de carne

1. Extienda una lámina grande de film transparente. En el centro ponga la carne.

2. Deposite sobre la carne el relleno que desee y, a continuación, envuelva el filete sobre sí mismo.

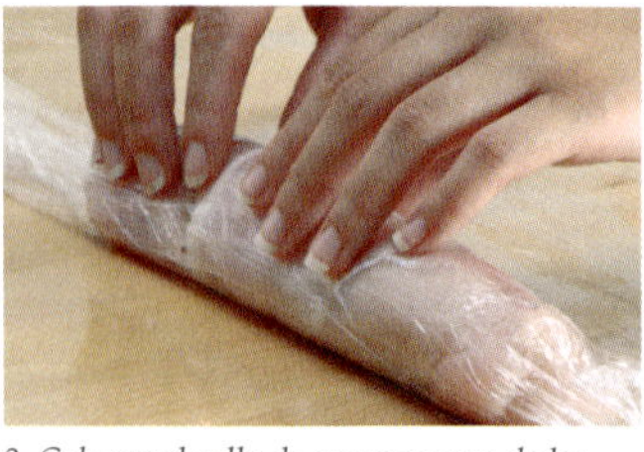

3. Coloque el rollo de carne en uno de los extremos del plástico y envuélvalo poco a poco con el film.

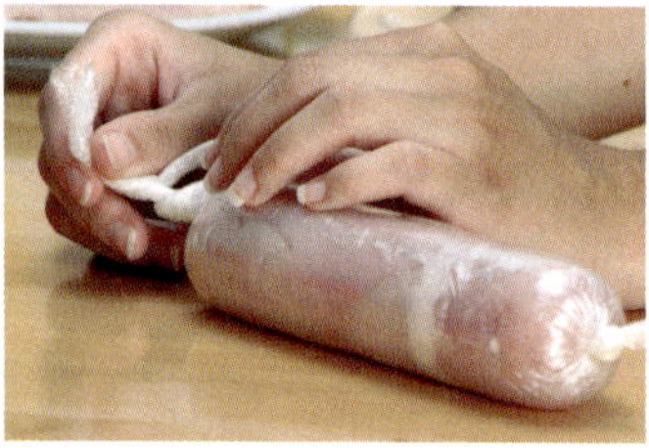

4. Por último, anude los extremos para evitar que se abra con el calor.

mismo tiempo una salsa en el vaso para enriquecer el plato conservando todo su sabor.
Otra de las ventajas que le ofrece el robot de cocina THERMOMIX® es la de preparar en un santiamén masas para pizza, cocas, empanadas, pan… o, como en este caso, besamel dulce, con la que conseguiremos unas «croquetas» muy originales, exquisito

Croquetas de manzana

1. Haga una besamel dulce según la receta de la p. 250. Déjela enfriar y coja pequeñas porciones con ayuda de una cuchara.

2. Pase la masa primero por harina, luego por huevo y por último por pan rallado.

3. Modele la masa dándole forma de manzana y presione suavemente con el dedo sobre uno de los polos.

4. En una sartén con aceite caliente fría las «manzanitas» hasta que se doren.
Decore cada una con un poco de cebollino.

Triángulos de boletos

1. Extienda la oblea de pasta brick sobre una superficie lisa, córtela en tiras de 6 cm de ancho aproximadamente y deseche los bordes.

2. Pincele cada tira con yema de huevo batida.

3. Ponga una pequeña cantidad del preparado elaborado con los boletos (ver receta en la p. 20) en uno de los extremos de cada tira.

4. Doble la pasta sobre sí misma en forma de pañuelo hasta terminar la tira. A continuación fría los triángulos en una sartén con aceite muy caliente hasta que adquieran un tono dorado, con cuidado de que no se quemen.

postre que además tiene una presentación impecable.

Con los boletos (Boletus edulis), *hongos muy cotizados y apreciados entre los entendidos, hemos preparado unos triángulos con pasta brick. Su textura crujiente y suave sabor sorprenden al paladar más exquisito.*

Flor de zanahoria

1. Lave la zanahoria y córtela en rodajas de 1 cm de grosor.

2. Ponga un molde en forma de flor sobre una rodaja y presione para darle forma.

3. Con la ayuda de un cuchillo, marque el centro de la flor.

4. Marque también los pétalos.

5. Por último, haga un dibujo en el centro de la flor en forma de cuadrícula.

Tanto para expertos cocineros como para aquellos que no muestran especial interés por la cocina, el robot de cocina THERMOMIX® se convertirá en un aparato imprescindible gracias a su fácil manejo. Todo lo que debe hacer es programar y seguir las instrucciones de cada receta, con la

Hojas de calabacín

1. Corte el calabacín por la mitad a lo largo.

2. Parta cada mitad en trozos del mismo tamaño.

3. Corte cada trozo en forma de hoja.

4. Marque los nervios de la hoja vaciándola en forma de cuña.

tranquilidad de que la alarma le avisará una vez finalizado el proceso y, mientras tanto, puede dedicarse a otras tareas que requieran su atención y su tiempo.

En estas primeras páginas le ofrecemos algunos ejemplos de lo que puede hacer con su robot de cocina THERMOMIX®: una muestra de técnicas sencillas y rápidas que,

Rollo de carne relleno

1. Coloque un rectángulo de papel de aluminio sobre una superficie lisa y extienda la carne picada con ayuda de una cuchara.

2. Disponga los ingredientes del relleno (ver p. 180) sobre la carne picada.

3. Enrolle la carne sobre sí misma de tal forma que quede el relleno en su interior.

4. Envuelva el rollo de carne con el papel de aluminio y ciérrelo bien para que no se salga el relleno.

usando por ejemplo el recipiente varoma, le permitirán hacer un delicioso rollo de carne relleno. También le aportamos algunas ideas para decorar sus platos: una buena presentación es fundamental en la cocina.

VORWERK
Varoma
100
90
60

Entrantes y ensaladas

Triángulos de boletos

Ingredientes para 4 personas

Para el relleno:

50 g de aceite de oliva
1 diente de ajo
200 g de boletos
100 g de cebolla
Sal
Pimienta
100 g de foie

Para la masa:

1 paquete de pasta brick
1 yema de huevo

Para la vinagreta:

30 g de vinagre balsámico
100 g de aceite de oliva extra virgen
Sal

Modo de preparación

- Trocee los boletos, el foie y la cebolla.
- Vierta todos los ingredientes del relleno en el vaso excepto el foie y programe 5 segundos, velocidad $3^{1/2}$.
- A continuación programe 4 minutos, temperatura 100 °C, velocidad 4.
- Transcurrido el tiempo, deje enfriar, agregue el foie y programe 5 segundos, velocidad $3^{1/2}$.
- Corte las obleas de pasta brick en tiras y píntelas con yema de huevo. Ponga una pequeña cantidad del relleno anteriormente preparado en un extremo de la tira y enrolle ésta sobre sí misma, con cuidado de que el relleno no se salga, hasta que se forme un triángulo.
- Coloque los paquetitos triangulares en una fuente especial para hornear y hornee a 200 °C durante 10 minutos hasta que se doren.
- Prepare la salsa vinagreta echando en el vaso el vinagre, el aceite y la sal. Programe 15 segundos, velocidad 4 y reserve.
- Coloque los triángulos en un recipiente, acompañe con la salsa vinagreta y sírvalos adornados al gusto.

Guacamole con huevos de codorniz

Ingredientes para 4 personas

- *8 huevos de codorniz*
- *500 g de agua*
- *Sal*

Para el guacamole:

- *2 aguacates maduros*
- *50 g de cebolla*
- *1 diente de ajo*
- *1 tomate maduro*
- *Sal*
- *Unas gotitas de tabasco*
- *Salsa perrins*
- *Unas gotas de limón*
- *3 hojas de cilantro*
- *1/2 cubilete de aceite de oliva*

Modo de preparación

- Parta los aguacates por la mitad y extraiga el hueso clavando un cuchillo en él y tirando mientras gira.
- Pele la cebolla, el diente de ajo y el tomate. Si lo desea, para retirar la piel del tomate con mayor facilidad, puede escaldarlo poniéndolo en agua hirviendo durante 2 minutos.
- Vierta todos los ingredientes del guacamole en el vaso y programe 15 segundos, velocidad 6.
- Con la ayuda de la espátula, desprenda los restos de guacamole que hayan quedado en las paredes del vaso.
- Ponga la mariposa en las cuchillas, programe 30 segundos, velocidad 4.
- Vierta esta mezcla en un plato y reserve.
- Casque los huevos sobre el recipiente varoma y sazónelos.
- Vierta el agua en el vaso y coloque el recipiente varoma bien tapado sobre éste. Programe 25 minutos, temperatura varoma, velocidad 1.
- Transcurrido el tiempo ponga el guacamole en un plato y acompañe con los huevos de codorniz.

Queso camembert rebozado con mermelada de pimientos del piquillo

Ingredientes para 4 personas

2 tarrinas de queso camembert
200 g de pan rallado
2 huevos
Aceite de oliva para freír

Para la mermelada:

100 g de zanahoria
1 limón
500 g de pimientos del piquillo frescos
500 g de azúcar

Modo de preparación

- Lave, pele y corte la zanahoria en trozos. Pele el limón, deseche las pepitas y pártalo en trozos.
- Lave los pimientos, deseche las semillas y trocéelos (6 segundos, velocidad 4).
- Añada el limón, el azúcar y la zanahoria al vaso y programe 30 minutos, temperatura 100 °C, velocidad 1.
- Si nota que la mermelada ha quedado demasiado líquida, programe la temperatura varoma 5 o 10 minutos más. Vierta la mermelada sobre cuenquitos individuales y deje enfriar. Reserve.
- Corte en triángulos regulares el queso camembert, páselos por huevo y seguidamente por pan rallado.
- En una sartén con aceite bien caliente fría los trozos de queso con cuidado de que no se quemen.
- Retire el queso de la sartén, colóquelo en papel absorbente para eliminar todo resto de aceite y sírvalo bien caliente acompañado de la mermelada de pimientos del piquillo.

Pastel de verduras

Ingredientes para 4 personas

200 g de zanahorias
200 g de coliflor
200 g de espinacas
3 huevos
150 g de nata líquida
180 g de gelatina en polvo
90 g de aceite de oliva virgen extra
Sal
Pimienta
Mayonesa de pistachos

Modo de preparación

- Pele las zanahorias y pártalas en trozos.
- Triture las zanahorias en el vaso a velocidad progresiva 5-7-9 durante unos segundos.
- Añada 1 huevo, 50 g de nata líquida, 60 g de gelatina, 30 g de aceite, sal y pimienta y programe 10 minutos, temperatura 90 °C, velocidad 4.
- Transcurrido el tiempo, quite la temperatura y programe 2 minutos, velocidad 5 y remueva al mismo tiempo, con la ayuda de la espátula, para que quede bien fino. Reserve.
- Repita la misma operación primero con la coliflor y luego con las espinacas.
- En un molde untado con aceite, coloque una capa de pasta de zanahoria, otra de coliflor y por último una de espinacas.
- Deje enfriar en el frigorífico, retire el molde y sirva acompañado, si lo desea, de una mayonesa de pistachos (ver p. 28).

Ensalada de patata, cebolla y zanahoria con mayonesa de pistachos

Ingredientes para 4 personas

Para la ensalada:

300 g de patatas peladas cortadas en rodajas
200 g de cebolla en aros
300 g de zanahorias peladas y cortadas en rodajas
Unas hojas de escarola
600 g de agua
Sal

Para la salsa:

1 huevo
50 g de pistachos
Zumo de 1/2 limón
1/2 cubilete de agua
4 cubiletes de aceite de oliva

Modo de preparación

- Lave bien la escarola y centrifúguela. Reserve. Coloque las patatas, la cebolla y las zanahorias en el recipiente varoma, sazone y cierre.
- Vierta el agua en el vaso y disponga el recipiente varoma encima. Programe 40 minutos, temperatura varoma, velocidad 1.
- Transcurrido el tiempo retire las patatas, la cebolla y las zanahorias y deje que se templen un poco.
- Coloque la escarola en una fuente y disponga el resto de los ingredientes por encima. Reserve.
- Pele los pistachos, y exprima sobre ellos el zumo de medio limón.
- Introduzca el huevo y los pistachos en el vaso y triture a velocidad progresiva 5-7-9 durante unos segundos. A continuación, añada el agua y mezcle unos segundos más a velocidad 5.
- Transcurrido el tiempo, programe velocidad 4 o 5, vierta el aceite del cubilete por el bocal teniendo cuidado de que no salpique. Añada la salsa a la ensalada y sirva fría.

Ensalada de espinacas con vinagreta a las finas hierbas y queso en rulo

Ingredientes para 4 personas

Para la salsa:

25 g de cebollino
25 g de perejil
10 g de eneldo
Sal
250 g de aceite de oliva
100 g de vinagre

Para la ensalada:

300 g de hojas de espinaca crudas y frescas
300 g de queso de cabra en rulo

Modo de preparación

- Introduzca las hierbas aromáticas en el vaso y pique a velocidad progresiva 5-7-9 durante unos segundos.
- Retire del vaso y reserve.
- Ponga el vinagre y la sal en el vaso y mezcle unos segundos a velocidad 5.
- Programe velocidad 5, vierta el aceite del cubilete por el bocal teniendo cuidado de que no salpique.
- Añada las hierbas reservadas al vaso y mezcle a velocidad 4 unos segundos. Reserve.
- Lave bien las hojas de espinaca, centrifúguelas, mézclelas con la salsa y colóquelas en una fuente.
- Parta algunas rodajas de queso en rulo y colóquelas sobre las espinacas.

Ensalada de judías verdes con vinagreta emulsionada

Ingredientes para 4 personas

Para la ensalada:

6 hojas de lolo rosa
12 tomatitos cherry
600 g de judías verdes sin hebras troceadas
600 g de agua
Sal

Para la salsa:

1 huevo
30 g de vinagre de jerez
1/2 cubilete de agua
150 g de aceite de oliva
2 cucharaditas de mostaza
Sal

Modo de preparación

- Ponga la mariposa en las cuchillas y coloque las judías verdes en el vaso. Añada el agua, sálelo y programe 20 minutos, temperatura 100 °C, velocidad 1.
- Una vez cocidas las judías verdes, refrésquelas con agua fría y hielo y escúrralas. Reserve.
- Introduzca todos los ingredientes de la salsa en el vaso excepto el aceite y mezcle unos segundos a velocidad 5.
- Programe velocidad 4 o 5, vierta el aceite del cubilete por el bocal teniendo cuidado de que no salpique.
- Una vez vertido todo el aceite, compruebe la textura y si desea que la salsa quede más espesa puede añadir más aceite.
- Si por el contrario desea la salsa menos espesa, puede añadir un poco de agua para aligerarla.
- Lave bien el lolo rosa y dispóngalo en una fuente. Lave los tomatitos cherry y pártalos en cuartos. Mezcle las judías con la vinagreta emulsionada y colóquelas en la fuente. Sirva el plato frío y decore con los tomatitos cherry.

Ensalada de verduras asadas y langostinos

Ingredientes para 4 personas

200 g de pimientos rojos
200 g de cebolleta
200 g de tomates maduros
16 langostinos
100 g de aceite
2 cubiletes de agua
Una pizca de comino molido
Unas hojas de escarola
Sal

Modo de preparación

- Lave bien la escarola y reserve.
- Coloque los langostinos en el recipiente varoma con sal y reserve.
- Lave los pimientos, deseche las semillas y pártalos en trozos. Corte la cebolleta y los tomates e introduzca los tres ingredientes en el vaso junto con el aceite y el comino. Sazónelo y programe 5 segundos, velocidad $3^{1/2}$.
- Añada el agua, coloque el recipiente varoma encima del vaso y programe 15 minutos, temperatura varoma, velocidad 1.
- Transcurrido el tiempo mezcle los langostinos con el pisto resultante para que coja el gusto y el aroma del comino.
- En un plato disponga la escarola, las verduras y los langostinos y decórelo al gusto.

Ensalada mixta primaveral

Ingredientes para 4 personas

Para la ensalada:

3 cogollos de Tudela
2 zanahorias
12 tomatitos cherry
1 pimiento amarillo
1 pimiento rojo
2 aguacates
1 escarola
1 lolo rosa

Para la salsa:

250 g de aceite de oliva
50 g de vinagre de jerez
Sal

Modo de preparación

- Lave los cogollos y córtelos en cuatro.
- Lave, pele y parta las zanahorias en rodajas.
- Quite la piel de los aguacates, retire el hueso y pártalos en trozos.
- Lave, corte y centrifugue el resto de las verduras de la ensalada y colóquelas en una fuente dando un ambiente primaveral.
- Coloque todos los ingredientes de la salsa en el vaso y programe 40 segundos, velocidad 5.
- Rocíe la vinagreta sobre las verduras y sirva bien fría.

Primeros

Sopa Donosti

Ingredientes para 4 personas

12 cangrejos de río

Para el sofrito:

150 g de tomates
1/2 puerro
25 g de chalotas
25 g de mantequilla
25 g de aceite de oliva

Otros ingredientes:

750 g de agua
25 g de brandy
25 g de vino blanco
Sal
150 g de arroz
1 trufa rallada

Modo de preparación

- Retire las cabezas de los cangrejos y resérvelas. Pele las colas y resérvelas.
- Pele los tomates, quite las semillas y trocéelos. Limpie el puerro y trocéelo. Pele las chalotas y trocéelas.
- Introduzca en el vaso los ingredientes del sofrito y las cabezas de los cangrejos y programe 5 minutos, temperatura 100 °C, velocidad 5. Añada el agua, el brandy, el vino y la sal, y programe 5 minutos, temperatura 100 °C, velocidad 4.
- Cuele el caldo y limpie bien el vaso. Vierta de nuevo el caldo en el vaso con el arroz y programe 10 minutos, temperatura 100 °C, giro a la izquierda, velocidad cuchara. Un minuto antes de terminar, añada las colas de los cangrejos reservadas.
- Transcurrido el tiempo, compruebe el punto de sal y sirva el plato acompañado con la ralladura de trufa.

Sopa Solferino

Ingredientes para 4 personas

Para el sofrito:

1/2 cebolla

1 puerro

200 g de patatas

25 g de aceite de oliva

25 g de mantequilla

Otros ingredientes:

2 patatas

1.000 g de agua

1 pastilla de caldo de verduras

Pimienta

1 cucharadita de perejil picado

Modo de preparación

- Pele la cebolla, quite las capas externas y trocéela.
- Limpie el puerro, deseche la parte verde y trocéelo.
- Pele las patatas y trocéelas.
- Introduzca en el vaso todos los ingredientes del sofrito y programe 3 segundos, velocidad 4. A continuación, programe 7 minutos, temperatura varoma, velocidad $3^{1/2}$.
- Aparte, pele las patatas y haga 16 bolitas con la ayuda de un sacabocados.
- Por último, vierta en el vaso el agua, la pastilla de caldo, la pimienta, el perejil y las bolitas de patata y programe 15 minutos, temperatura 100 °C, giro a la izquierda, velocidad cuchara.
- Sirva la sopa espolvoreada con perejil.

Sopa de macarrones

Ingredientes para 4 personas

Para la cocción de la pasta:

750 g de agua

Sal

1 cucharada de aceite de oliva

250 g de macarrones

Otros ingredientes:

1.000 g de agua

2 pastillas de caldo de ave

2 cucharadas de tapioca

50 g de queso rallado

Modo de preparación

- Vierta el agua con la sal y el aceite en el vaso y programe 7 minutos, temperatura 100 °C, velocidad 2. Añada la pasta por el bocal del cubilete y programe 10 minutos, temperatura 100 °C, giro a la izquierda, velocidad cuchara. Transcurrido el tiempo, escurra los macarrones con la ayuda del cestillo y reserve.
- Deseche el agua anterior, vierta los 1.000 g de agua en el vaso junto con las pastillas de caldo y programe 8 minutos, temperatura varoma, velocidad 1. Transcurrido el tiempo añada la tapioca y programe 5 minutos, temperatura varoma, velocidad 1. A continuación, añada los macarrones y programe 1 minuto, temperatura 100 °C, giro a la izquierda, velocidad cuchara.
- Sirva en una sopera y espolvoree el queso rallado por encima.

Sopa mallorquina

Ingredientes para 4 personas

300 g de repollo
50 g de aceite de oliva
1 patata pelada y troceada
1 zanahoria pelada y troceada
1 pimiento verde troceado
2 dientes de ajo pelados
1 cebolla pelada y troceada
2 pastillas de caldo de carne
Pimienta
1.000 g de agua
50 g de sobrasada

Modo de preparación

- Parta el repollo en trozos e introdúzcalo en el vaso. Píquelo con 3 o 4 golpes de turbo. Retírelo del vaso y reserve un poco para decorar.
- Vierta en el vaso el resto de los ingredientes menos la sobrasada y programe 7 segundos, velocidad $3^{1/2}$ hasta que quede todo bien picado.
- Introduzca en el vaso el repollo y programe 25 minutos, temperatura 100 °C, giro a la izquierda, velocidad cuchara. Transcurrido el tiempo, compruebe si el repollo está bien cocido.
- Disponga la sopa en platos individuales y sirva con unas bolitas de sobrasada, hechas con la ayuda de 2 cucharillas, y el repollo reservado.

Sopa de gambas con mayonesa

Ingredientes para 4 personas

100 g de pan
400 g de gambas
1.000 g de agua

Para la mayonesa:

1 huevo
Sal
Pimienta
25 g de zumo de limón
300 g de aceite de oliva

Modo de preparación

- Corte el pan en rebanadas finas, tuéstelo y reserve.
- Coloque las gambas en el cestillo e introdúzcalo en el vaso, añada el agua y programe 8 minutos, temperatura varoma, velocidad 1. Una vez cocidas las gambas, cuele el caldo y resérvelo caliente; saque las gambas, pélelas y reserve.
- Limpie el vaso, introduzca todos los ingredientes de la mayonesa menos el aceite y programe 10 segundos, velocidad 5. A continuación, ponga el cubilete ligeramente inclinado, programe velocidad 4 y añada el aceite poco a poco hasta que espese la mayonesa.
- Programe el robot de cocina *Thermomix*® a velocidad 3 y añada el caldo poco a poco por el bocal hasta que esté totalmente mezclado con la mayonesa.
- Vierta la sopa en una sopera y coloque las rebanadas de pan y las gambas por encima.

Sopa de verduras

Ingredientes para 4 personas

Para el hojaldre:

40 g de vino blanco
140 g de agua
210 g de mantequilla
1/2 cucharadita de sal
170 g de harina
170 g de harina de fuerza

Para la sopa:

50 g de zanahoria
50 g de puerro
50 g de apio
50 g de nabo
50 g de pollo (pechuga limpia)
1 huevo duro
800 g de agua
1 yema de huevo

Modo de preparación

- Ponga en el vaso el vino, el agua, la mantequilla y la sal. Mezcle 10 segundos a velocidad 4. Añada las harinas y amase 10 segundos a velocidad 6 y otros 2 minutos a velocidad espiga. Retire la masa del vaso y estírela con un rodillo para formar un cuadrado de 0,5 cm de grosor.
- Unte la masa con mantequilla y dóblela por la mitad. Estire de nuevo formando un rectángulo y dóblela en tres. Vuelva a estirar y dóblela ahora en cuatro. Deje reposar en el frigorífico entre 15 y 30 minutos.
- Introduzca en el vaso todos los ingredientes para hacer la sopa, menos el agua y la yema de huevo, y programe 6 segundos, velocidad $3^{1/2}$. Incorpore el agua y programe 15 minutos, temperatura 100 °C, velocidad 1.
- Eche la sopa en un cuenco, pinte el borde con yema de huevo y cubra con hojaldre el cuenco; pinte el hojaldre y hornee 4 minutos a temperatura 170 °C.
- Una vez horneada la sopa, deje enfriar unos instantes antes de servir. Rompa el hojaldre y tome su contenido acompañado de los trozos de hojaldre.

Crema de gambas y calabacín

Ingredientes para 4 personas

Para la crema:

200 g de gambas
2 puerros
1/4 de cebolla
1 cucharada de aceite de oliva
1 cucharada de mantequilla
1 calabacín pelado
Sal
200 g de agua
50 g de nata

Para el caldo:

Cáscara y cabeza de las gambas
50 g de brandy
200 g de agua

Modo de preparación

- Quite la cáscara y la cabeza a las gambas y consérvelas para el caldo. Ponga aparte las gambas.
- Introduzca en el vaso los ingredientes del caldo y programe 5 minutos, temperatura 100 °C, velocidad 5. Cuélelo y reserve.
- Limpie los puerros desechando la parte verde y pártalos en trozos. Pele la cebolla y trocéela.
- Limpie bien el vaso y agregue el aceite, la mantequilla, los puerros y la cebolla, y programe 7 minutos, temperatura 100 °C, velocidad 5. Incorpore el calabacín troceado, la sal y el agua, y programe 10 minutos, temperatura 100 °C, velocidad 5.
- Transcurrido el tiempo añada el caldo y la nata, y programe 5 minutos, temperatura 85 °C, velocidad 1.
- Por último, agregue por el bocal las gambas y programe 3 minutos, temperatura 85 °C, velocidad 1.

Crema de salmón

Ingredientes para 4 personas

Para el caldo de pescado:

125 g de gambas

300 g de agua

Otros ingredientes:

3 puerros

2 zanahorias grandes

2 cucharadas colmadas de mantequilla

50 g de aceite de oliva

1 diente de ajo pelado

1 pastilla de caldo de pescado

Cayena molida, al gusto

400 g de nata

200 g de salmón ahumado cortado en 4 trozos

Para decorar:

4 lonchas de salmón ahumado

1 calabacín

Modo de preparación

- Pele las gambas reservando las cáscaras y las cabezas. Para hacer el caldo añada al vaso las cáscaras y las cabezas de las gambas, vierta el agua y programe 6 minutos, temperatura 100 °C, velocidad 5. Cuele el caldo y reserve.
- Limpie los puerros desechando la parte verde y pártalos en trozos junto con las zanahorias peladas.
- Ponga en el vaso bien limpio la mantequilla y el aceite. Añada todas las verduras y programe 3 minutos, temperatura 100 °C, velocidad 4. Baje los restos de las paredes del vaso con ayuda de la espátula.
- Agregue el caldo reservado, la pastilla de caldo y la cayena, y programe 12 minutos, temperatura 100 °C, velocidad 5.
- Cinco minutos antes de que pare la máquina, vierta la nata. A continuación, añada el salmón y programe 6 segundos, velocidad 4 hasta que quede picadito.
- Disponga la crema en platos individuales y decore, si lo desea, con lonchas de salmón ahumado y con hojas hechas de calabacín (ver p. 16).

Crema de zanahoria y tomate

Ingredientes para 4 personas

1/2 kg de tomates
3 zanahorias
1/2 cubilete de aceite de oliva
2 puerros
1 cucharada de mantequilla
1 diente de ajo pelado
500 g de agua
2 pastillas de caldo de ave
1 cucharadita de albahaca picada
Pimienta

Modo de preparación

- Pele los tomates y quite las semillas. Pele las zanahorias y córtelas en trozos. Limpie los puerros, deseche la parte verde y trocéelos.
- Ponga en el vaso el aceite, la mantequilla, los puerros, las zanahorias, los tomates y el diente de ajo. Coloque encima el cestillo para evitar salpicaduras y programe 3 minutos, temperatura 100 °C, velocidad 8.
- Baje a velocidad 1 y continúe a la misma temperatura 5 minutos más. Transcurrido el tiempo añada el agua, las pastillas de caldo, la albahaca y la pimienta. Programe 20 minutos, temperatura 100 °C, velocidad 1. Cuando pare la máquina compruebe la textura de la crema; si ha quedado demasiado espesa, añada un poco más de agua y programe unos segundos más a la misma temperatura y velocidad.
- Sírvala acompañada con cuadraditos de pan y decorada con flores de zanahoria (ver p. 15).

Crema de cebolla

Ingredientes para 4 personas

4 cebollas
2 pastillas de caldo de verduras
1 cucharada de mantequilla
200 g de leche
1 cucharada de harina
500 g de agua
Pimienta
1 cucharadita de zumo de limón
4 rebanadas de pan tostado
2 cucharadas de queso parmesano rallado

Modo de preparación

- Introduzca en el vaso las cebollas peladas y troceadas, las pastillas de caldo y la mantequilla, y programe 5 minutos, temperatura 100 °C, velocidad $4^{1/2}$. Baje la cebolla de las paredes del vaso con la ayuda de la espátula, vierta la leche, la harina, el agua y la pimienta, y añada el zumo de limón. Programe 8 minutos, temperatura 90 °C, velocidad $4^{1/2}$.
- Vierta la crema en recipientes individuales, añada una rebanada de pan tostado en cada uno y espolvoree con queso rallado. Introduzca la crema en el horno y gratínela hasta que se dore el queso.

Crema de mejillones

Ingredientes para 4 personas

Para el recipiente varoma:

1 1/2 kg de mejillones

500 g de agua

Para el sofrito:

150 g de puerros

50 g de aceite de oliva

3 dientes de ajo

150 g de tomate natural triturado

1 manzana verde pelada y troceada

1 cucharadita de eneldo picado

Otros ingredientes:

25 g de biscotes

50 g de semillas de anís

2 pastillas de caldo de pescado

Pimienta molida

300 g de agua de cocer los mejillones

Para decorar:

12 tomatitos cherry

Semillas de anís

Modo de preparación

- Limpie los mejillones y colóquelos en el recipiente varoma.
- Ponga en el vaso 500 g de agua y programe 7 minutos, temperatura varoma, velocidad 2. Cuando termine, coloque el recipiente varoma sobre la tapadera y programe 12 minutos, temperatura varoma, velocidad 2.
- Transcurrido el tiempo, retire y reserve el líquido del vaso. Saque los mejillones de su concha excepto 12, que servirán para decorar el plato, y quíteles las barbas. Limpie los puerros, deseche la parte verde y trocéelos.
- Ponga en el vaso los ingredientes del sofrito y programe 10 segundos, velocidad 5. Baje los residuos de las paredes del vaso con la espátula y vuelva a programar 10 minutos, temperatura varoma, velocidad 1. Cuando termine, añada los mejillones, los biscotes, las semillas de anís, las pastillas de caldo, la pimienta y el agua, y programe 1 minuto, velocidad 9 para que se triture bien.
- Vierta la crema en platos individuales y decórela con tomatitos cherry, las semillas de anís y los mejillones reservados dispuestos alrededor.

Crema fría de melón

Ingredientes para 4 personas

300 g de melón
1/2 cubilete de oporto blanco
2 cubiletes de nata líquida
Sal
Pimienta
Almendras laminadas
Aceite de oliva

Modo de preparación

- Vacíe el melón y deseche la cáscara y las semillas.
- Corte la pulpa en trozos pequeños e introdúzcalos en el vaso junto con el oporto blanco.
- Triture a velocidad progresiva 5-7-9 durante 2 minutos.
- Una vez pasado el tiempo, añada la nata, salpimiente al gusto y mezcle a velocidad 5 durante 1 minuto.
- En una sartén con un chorrito de aceite caliente, tueste las almendras ligeramente hasta que se doren.
- Vierta la crema de melón en un recipiente y acompañe con las almendras tostadas como guarnición.
- Si el melón no es lo suficientemente dulce, se puede agregar un poco de azúcar.

Crema de boletos

Ingredientes para 4 personas

1 puerro
1/2 cubilete de aceite de oliva
25 g de mantequilla
2 dientes de ajo
300 g de boletos
2 pastillas de caldo de ave
300 g de agua
200 g de patatas
5 cubiletes de nata líquida
Sal
Pimienta

Modo de preparación

- Lave el puerro y pártalo en rodajas.
- Pele las patatas y trocéelas.
- Vierta en el vaso el aceite, la mantequilla, los puerros y los ajos y programe 5 minutos, temperatura 100 °C, velocidad 5.
- Transcurrido el tiempo añada el resto de los ingredientes excepto la nata y programe 20 minutos, temperatura 100 °C, velocidad 5.
- Asegúrese de que ha quedado todo bien triturado; si no es así, programe 20 segundos más a velocidad 6.
- A continuación agregue la nata y programe 5 minutos, temperatura 90 °C, velocidad 5. Si hierve demasiado baje la temperatura a 85 °C.
- Si lo desea puede añadir más agua o nata a su gusto.
- Salpimiente y sirva caliente acompañado de algunos boletos.

Lentejas al cariñena

Ingredientes para 4 personas

350 g de lentejas
100 g de pimiento verde
50 g de zanahoria
25 g de cebolla
1 cucharada de pimentón
50 g de aceite de oliva
2 pastillas de caldo
2 dientes de ajo
1 hoja de laurel
600 g de agua
200 g de vino cariñena
Sal
4 rodajas de chorizo
4 rodajas de morcilla

Modo de preparación

- La noche anterior ponga las lentejas en remojo.
- Pele la zanahoria y pártala en rodajas junto con el pimiento y la cebolla.
- Escurra las lentejas e introdúzcalas en el vaso.
- Coloque la mariposa en las cuchillas.
- Añada el resto de los ingredientes, excepto las rodajas de chorizo y morcilla, incluyendo el agua y el vino cariñena.
- Sin poner el cubilete en el bocal, programe 30 minutos, temperatura 100 °C, velocidad 1.
- A media cocción, si comprueba que hierven muy fuerte, baje la temperatura a 90 °C.
- Transcurrido el tiempo, compruebe que las lentejas están tiernas, de no ser así, programe unos minutos más a la misma temperatura y velocidad.
- Finalmente, puede añadir más cariñena según su gusto, rectifique de sal y agregue las rodajitas de chorizo y de morcilla frita.
- Deje reposar unos minutos antes de servir.

VORWERK

Verduras

Menestra gallega

Ingredientes para 4 personas

Para el sofrito:

200 g de jamón

50 g de aceite de oliva

Para el cestillo:

2 zanahorias

2 cebollas

200 g de patatas

Para el recipiente varoma:

200 g de judías verdes

1 pimiento verde

4 espárragos verdes

4 tomates medianos

600 g de agua

4 huevos

Sal

Modo de preparación

- Para el sofrito, introduzca en el vaso el jamón y trocee 8 segundos, velocidad $3^{1/2}$. Añada el aceite y programe 5 minutos, temperatura varoma, velocidad $3^{1/2}$. Retire del vaso y reserve.
- Pele las zanahorias y córtelas en rodajas. Pele las cebollas desechando las capas exteriores y trocéelas. Lave las patatas, pélelas y córtelas en trozos.
- Ponga en el cestillo las zanahorias, las cebollas y las patatas.
- Lave las judías verdes, quite las hebras y trocéelas. Lave el pimiento, deseche las semillas y trocéelo. Lave los espárragos y quíteles la parte dura.
- Coloque en el recipiente varoma las judías verdes, los espárragos, el pimiento y los tomates lavados.
- Vierta el agua con un poco de sal en el vaso, coloque el cestillo y el recipiente varoma y casque los huevos sobre las verduras. Programe 30 minutos, temperatura varoma, velocidad 1.
- Transcurrido el tiempo, coloque todos los ingredientes escurridos en una fuente y rocíelos con el sofrito reservado.

Cebolletas calientes

Ingredientes para 4 personas

6 cebolletas pequeñas

Para la salsa:

3 tomates maduros
100 g de avellanas tostadas
1 diente de ajo
1 ramita de menta
1 ramita de perejil
300 g de agua
1 cubilete de aceite
1 cubilete de vinagre
1 cucharadita de pimentón
1 rebanadita de pan
Sal
Pimienta negra molida

Modo de preparación

- Quite la primera capa de las cebolletas y lávelas.
- Coloque las cebolletas en el recipiente varoma y reserve.
- Lave los tomates, trocéelos e introdúzcalos con el resto de los ingredientes de la salsa en el vaso y programe 10 segundos, velocidad $3^{1/2}$.
- Ponga el recipiente varoma en el vaso y programe 15 minutos, temperatura varoma, velocidad 1.
- Transcurrido el tiempo, espere a que baje la temperatura, disponga las cebolletas en un plato y rocíelas con la salsa.
- Sirva el plato caliente y decórelo al gusto.

Espinacas Sacromonte

Ingredientes para 4 personas

500 g de espinacas congeladas
100 g de aceite de oliva
2 dientes de ajo pelados
50 g de almendras crudas
Unas hebras de azafrán
50 g de miga de pan
150 g de agua
Pimienta
1 pastilla de caldo de verduras
50 g de pasas sin pepitas
50 g de vinagre
Unas almendras crudas para decorar

Modo de preparación

- Descongele las espinacas, escúrralas y séquelas con papel absorbente.
- Ponga en el vaso el aceite y programe 4 minutos, temperatura varoma, velocidad 1. Añada los ajos, las almendras, el azafrán y la miga de pan, y programe 5 minutos, temperatura varoma, velocidad $3^{1/2}$. Baje con la espátula los restos de las paredes y de la tapa del vaso.
- Ponga la mariposa en las cuchillas, añada el agua, las espinacas, un poco de pimienta, la pastilla de caldo y las pasas, y programe 10 minutos, temperatura varoma, giro a la izquierda, velocidad cuchara. Cuando termine, escurra las espinacas y rocíelas con el vinagre.
- Disponga las espinacas en una fuente y decórelas con unas almendras.

Pimientos rellenos de bogavante

Ingredientes para 4 personas

8 pimientos de piquillo
Perejil picado

Para el caldo:
500 g de leche
100 g de vino blanco
25 g de brandy
1 bogavante grande

Para la crema:
50 g de mantequilla
50 g de aceite de oliva
25 g de harina
1 yema de huevo
Sal

Para la salsa:
1 zanahoria pelada y troceada
1 tomate pelado y sin semillas
100 g de vino blanco
100 g de agua
1 pastilla de caldo de pescado

Modo de preparación

Para hacer el caldo, ponga en el vaso la mitad de la leche con el vino, el brandy y la cabeza del bogavante, y programe 7 minutos, temperatura 100 °C, velocidad 4. Cuélelo con un colador fino, añada el resto de la leche y reserve. Lave el vaso y la tapadera.

Para la crema, vierta en el vaso la mantequilla, el aceite y la harina, y programe 3 minutos, temperatura 100 °C, velocidad 3. Agregue el caldo reservado y programe 6 minutos, temperatura 100 °C, velocidad 3. Añada el bogavante pelado y troceado y la yema de huevo, sazónelo y programe 4 minutos, temperatura 80 °C, velocidad $1^{1/2}$. Si la crema está muy espesa, añada un poco de leche.

Rellene los pimientos con la crema, ciérrelos con un palillo y colóquelos en una fuente especial para hornear.

Sin lavar el vaso añada la zanahoria y el tomate, y programe 5 segundos, velocidad 5. A continuación, programe 5 minutos, temperatura varoma, velocidad $3^{1/2}$. Transcurrido el tiempo, añada el resto de los ingredientes de la salsa y programe 5 minutos, temperatura

100 °C, velocidad 4. Si la salsa no ha quedado fina, tritúrela a velocidad progresiva 5-7-9 unos segundos.

Por último, vierta la salsa sobre los pimientos y hornéelos durante 15 minutos a 170 °C. Sírvalos espolvoreados con perejil picado.

Bolitas de zanahoria con jamón

Ingredientes para 4 personas

800 g de zanahorias
100 g de jamón serrano en un trozo
750 g de agua
25 g de mantequilla
2 pastillas de caldo de verduras

Nota: *utilice esta receta como acompañamiento de carnes o pescados, o con rollitos de jamón.*

Modo de preparación

- Pele y lave las zanahorias. Tornee la mitad de ellas con la ayuda de un cuchillo muy afilado hasta conseguir el tamaño deseado. Haga bolitas con el resto de las zanahorias con la ayuda de un sacabocados. Reserve.
- Introduzca el jamón cortado en trozos en el vaso y programe 7 segundos, velocidad 5. Retírelo del vaso y reserve.
- Vierta en el vaso el agua, la mantequilla y las pastillas, y programe 5 minutos, temperatura varoma, velocidad 1. Ponga el cestillo en el vaso con las zanahorias y programe 15 minutos, temperatura varoma, velocidad 1.
- Transcurrido el tiempo escurra las zanahorias y sírvalas acompañadas con el jamón picado.

Berenjenas rellenas de queso brie y tomate

Ingredientes para 4 personas

2 berenjenas
100 g de queso brie
100 g de tomate natural maduro
1 cubilete de aceite de oliva
Sal

Modo de preparación

- Lave y corte por la mitad a lo largo las berenjenas y vacíelas.
- Introduzca el vaciado en el vaso y vierta el aceite por encima. Programe 6 segundos, velocidad $3^{1/2}$. Pasado el tiempo programe 4 minutos, temperatura 100 °C, velocidad 4.
- Añada el tomate troceado y el queso brie y programe 3 minutos, temperatura 100 °C, velocidad 4. Sálelo al gusto.
- Con la mezcla obtenida rellene las barquitas de berenjena y colóquelas en una fuente para horno.
- Introdúzcala en el horno 5 minutos a 180 °C vigilando para que no se quemen las berenjenas.
- Sirva las berenjenas en una fuente decorada con perejil rizado.

Pisto montañés

Ingredientes para 4 personas

150 g de pimientos verdes
300 g de cebolla
300 g de calabacines
100 g de aceite de oliva
500 g de tomate natural triturado
2 pastillas de caldo de verduras
100 g de vino blanco
25 g de azúcar
Pimienta blanca
4 huevos
8 rebanadas de pan tostado

Modo de preparación

- Lave los pimientos, quite las semillas y trocéelos. Pele la cebolla desechado las capas externas y trocéela. Lave los calabacines y trocéelos.
- Ponga las verduras en el vaso y programe 4 segundos, velocidad 4; baje los restos de las paredes del vaso ayudándose con la espátula. A continuación, vierta el aceite en el vaso y programe 8 minutos, temperatura varoma, giro a la izquierda, velocidad cuchara.
- Añada el tomate, las pastillas de caldo, el vino blanco, el azúcar y la pimienta, y programe 20 minutos, temperatura varoma, giro a la izquierda, velocidad cuchara. Cuatro minutos antes de terminar, añada los huevos batidos por el bocal.
- Coloque las rebanadas de pan sobre la rejilla del horno y tuéstelas por ambos lados.
- Sirva el plato acompañado con las rebanadas de pan tostado.

Rollitos de espárrago

Ingredientes para 4 personas

150 g de queso parmesano
500 g de agua
12 espárragos trigueros
12 lonchas de queso
12 lonchas de jamón de york
Sal
Pimienta

Para la salsa:

800 g de leche
80 g de harina
50 g de mantequilla
30 g de aceite de oliva
Sal
Pimienta
Nuez moscada

Modo de preparación

- Ralle el queso durante 30 segundos, velocidad progresiva 5-7-9. Retírelo y reserve. Lave los espárragos y deseche la parte dura. Colóquelos en el recipiente varoma.
- Eche el agua en el vaso y programe 5 minutos, temperatura varoma, velocidad 2. Transcurrido el tiempo, retire el cubilete, ponga el recipiente varoma sobre la tapadera y programe 15 minutos, temperatura varoma, velocidad 2.
- Al terminar la cocción, compruebe que los espárragos estén en su punto; de no ser así, programe unos minutos más a la misma temperatura y velocidad.
- Haga los rollitos colocando una loncha de queso sobre el jamón y encima un espárrago salpimentado. Envuélvalos en forma de rollito y resérvelos en una fuente especial para hornear.
- Prepare la salsa vertiendo en el vaso los ingredientes indicados y programe 8 minutos, temperatura 90 °C, velocidad 4. Bañe los rollitos con la salsa y espolvoréelos con el queso rallado. Tenga los rollitos 10 minutos en el horno precalentado a 180 °C, hasta que se doren.

Setas con salsa de almendras

Ingredientes para 4 personas

500 g de setas variadas (setas de cardo y shiitake)
50 g de aceite de oliva
12 almendras crudas sin piel fileteadas
10 g de pimentón dulce
25 g de harina
Sal
Pimienta
500 g de caldo de carne

Nota: *si no encuentra las setas shiitake frescas, puede comprarlas secas y rehidratarlas antes de su uso.*

Modo de preparación

- Lave con cuidado las setas sin mojarlas mucho, séquelas con papel absorbente, deje algunas enteras para decorar y parta el resto en láminas. Reserve.
- Vierta en el vaso el aceite y las almendras, y programe 4 minutos, giro a la izquierda, velocidad cuchara. Después ponga la mariposa en las cuchillas, incorporar el pimentón, la harina, la sal, la pimienta y las setas, y programe 4 minutos, temperatura varoma, giro a la izquierda, velocidad cuchara.
- Por último, agregue el caldo de carne y programe 5 minutos, temperatura varoma, giro a la izquierda, velocidad cuchara.
- Sirva en el momento.

Panaché de verduras

Ingredientes para 4 personas

Para el vaso:

500 g de agua

1 ramillete de menta

Para el recipiente varoma:

100 g de zanahorias

100 g de nabos

100 g de espárragos verdes

100 g de alcachofas

100 g de coliflor

100 g de brécol

100 g de guisantes congelados

Unas hojas de menta

Sal

Modo de preparación

- Pele las zanahorias y los nabos y deseche las hojas externas de las alcachofas.
- Ponga las verduras en el recipiente varoma y entremezcle unas hojas de menta. Sazone al gusto, tápelo bien y reserve.
- Vierta el agua junto con el resto de las hojas de menta en el vaso y programe 9 minutos, temperatura varoma, velocidad 1. Cuando salga vapor, retire el cubilete, coloque el recipiente varoma sobre la tapadera y programe 30 minutos, temperatura varoma, velocidad 1.
- Transcurrido el tiempo, espere unos minutos antes de destaparlo.
- Compruebe que las verduras estén tiernas y si fuera necesario, programe 5 minutos más.
- Disponga las verduras en un recipiente y sirva acompañadas de salsa vinagreta (ver p. 20).
- Si lo prefiere puede aliñarlas simplemente con un chorro de aceite de oliva.

Guisantes al estilo navarro

Ingredientes para 4 personas

1 kg de guisantes congelados
1.000 g de agua
100 g de vino blanco
Sal
4 huevos

Para la vinagreta:
200 g de aceite de oliva
50 g de vinagre
Sal

Modo de preparación

- Coloque los guisantes en el recipiente varoma. Reserve.
- Vierta en el vaso el agua, el vino y la sal. Programe 8 minutos, temperatura varoma, velocidad 1.
- Coloque los huevos en el cestillo, introdúzcalo en el vaso y coloque el recipiente varoma con los guisantes. Programe 10 minutos, temperatura varoma, velocidad 2.
- Espere unos minutos antes de levantar la tapa, saque los guisantes y colóquelos en una fuente. Retire los huevos, pélelos, trocéelos y colóquelos junto a los guisantes.
- Limpie el vaso, séquelo, vierta los ingredientes de la vinagreta y programe 20 segundos, velocidad 5.
- Rocíe los guisantes con la vinagreta.

Cebollas rellenas al estilo de Cáceres

Ingredientes para 4 personas

4 lonchas de beicon
1 diente de ajo
100 g de carne picada de ternera
50 g de aceite de oliva
1 huevo batido
Sal
Pimienta
4 cebollas medianas

Modo de preparación

- Quíteles a las lonchas de beicon el borde duro y trocéelas. Pele el diente de ajo y pártalo en 4 trozos.
- Añada al vaso el beicon y el ajo, y programe 5 segundos, velocidad $3^{1/2}$.
- Transcurrido el tiempo, agregue al vaso la carne picada y el aceite, y programe 2 segundos, velocidad 4.
- A continuación, programe 5 minutos, temperatura varoma, velocidad $3^{1/2}$.
- Retire del vaso todos los ingredientes, deje que se enfríen, salpimiéntelos y mézclelos con el huevo batido. Reserve.
- Pele las cebollas, vacíelas y rellene con la mezcla anteriormente preparada; colóquelas en una bandeja de horno. Hornee a 170 °C durante 30 minutos.

VORWERK
Varoma
100
90
60

Pescados

Almejas en salsa verde

Ingredientes para 4 personas

750 g de almejas
1 cubilete de guisantes congelados
70 g de aceite de oliva
1 cebolla mediana
2 dientes de ajo
25 g de harina o pan rallado
Zumo de 1/2 limón
150 g de vino blanco
1/2 cubilete de perejil
1 pastilla de caldo de pescado
100 g de agua
Sal
Pimienta

Modo de preparación

- Ponga las almejas en remojo con sal para eliminar todo resto de tierra. Lávelas en varias aguas.
- Coloque las almejas en el cestillo junto con los guisantes y reserve. Eche en el vaso el perejil y programe 10 segundos, velocidad 6. Reserve.
- Para el sofrito agregue al vaso el aceite, la cebolla y los ajos. Programe 5 segundos, velocidad $3^{1/2}$ y luego 5 minutos, temperatura 100 °C, velocidad 1.
- Añada la harina en los últimos segundos, el limón, el vino, el agua y mezcle 15 segundos, velocidad 8.
- Baje con la ayuda de la espátula lo que se haya adherido a las paredes del vaso, añada la pastilla de caldo de pescado y sazone al gusto. Ponga el cestillo y programe 10 minutos, temperatura 100 °C, velocidad 4.
- Compruebe que se han abierto todas las almejas, de no ser así, programe unos minutos, deseche las cerradas. Espere unos instantes, retire el cestillo y vierta el contenido en una fuente o plato. Añada el perejil al caldo, rectifique de sal la salsa y viértala sobre las almejas. Sírvalas muy calientes.

Arroz caldoso con bogavante

Ingredientes para 4 personas

300 g de arroz
200 g de guisantes congelados
1 diente de ajo
70 g de jerez fino
1 bogavante de 600 g
2 pastillas de caldo de pescado
550 g de agua
Cayena
1 ramita de perejil
azafrán

Para el caldo:

La cabeza del bogavante
250 g de agua
1 hoja de laurel

Para el sofrito:

100 g de aceite de oliva
3 dientes de ajo
50 g de cebolla
50 g de tomates maduros
50 g de pimiento rojo troceado

Modo de preparación

- Quite la cabeza al bogavante, pártala e introdúzcala en el vaso con el jugo que ha soltado, el agua y el laurel.
- Programe 5 minutos, temperatura 100 °C, velocidad 4. Una vez transcurrido el tiempo cuele y reserve el caldo y la cabeza. Corte la cola del bogavante en rodajas con su cáscara y reserve.
- Lave y seque el vaso y la tapa. Eche en el vaso los ingredientes del sofrito y programe 6 segundos, velocidad $3^{1/2}$.
- Cuando se haya triturado programe 5 minutos, temperatura 100 °C, velocidad 4.
- Pasado el tiempo coloque la mariposa en las cuchillas y añada la cola del bogavante cortada en rodajas, el arroz y el resto de los ingredientes junto con el caldo reservado. Programe 13 minutos, temperatura varoma, velocidad 1.
- Cuando se pare compruebe si hace falta un poco más de agua y si es así, añádala dándole algún minuto más a la misma temperatura y velocidad, pues este arroz debe quedar caldoso.
- Vierta el arroz caldoso en una fuente honda, deje reposar 5 minutos y sirva en platos individuales.

Fritanga de pimientos con atún

Ingredientes para 4 personas

4 pimientos rojos
200 g de calabaza
300 g de cebolla
1 berenjena mediana
150 g de aceite de oliva
200 g de tomate natural triturado
2 pastillas de caldo de verduras
100 g de vino blanco
25 g de azúcar
Pimienta
200 g de atún fresco sin espinas
1 pimiento rojo para decorar

Modo de preparación

- Lave los pimientos, quite las semillas y trocéelos. Pele la calabaza, trocéela y deseche las semillas. Pele la cebolla desechando las capas exteriores y pártala en trozos. Pele la berenjena y trocéela.
- Ponga las verduras en el vaso y programe 15 segundos, velocidad 4; baje los restos de las paredes del vaso ayudándose con la espátula. A continuación, vierta el aceite en el vaso y programe 10 minutos, temperatura varoma, giro a la izquierda, velocidad cuchara.
- Añada el tomate, las pastillas de caldo, el vino blanco, el azúcar y la pimienta, y programe 10 minutos, temperatura varoma, giro a la izquierda, velocidad cuchara. Cuatro minutos antes de terminar, añada el atún cortado en trozos por el bocal.
- Sirva el plato decorado con tiras de pimiento rojo.

Pastel de salmón y quisquillas

Ingredientes para 4 personas

- *500 g de salmón fresco*
- *200 g de quisquillas*
- *1 diente de ajo*
- *2 huevos*
- *100 g de nata líquida*
- *100 g de leche*
- *150 g de gelatina en polvo*
- *40 g de aceite de oliva virgen extra*
- *Sal*
- *Pimienta blanca molida*
- *Nuez moscada*
- *Salsa mayonesa*

Modo de preparación

- Limpie el salmón de piel y espinas y pele las quisquillas.
- Ponga la mariposa en las cuchillas. Vierta el aceite y programe 2 minutos, temperatura varoma, velocidad 1.
- Añada un ajo y programe 3 minutos, temperatura varoma, velocidad 1.
- Agregue el salmón y las quisquillas y programe 7 minutos más a la misma temperatura y velocidad.
- Retire la mariposa de las cuchillas, añada el resto de los ingredientes y programe 7 minutos, temperatura 90 °C, velocidad 4.
- Transcurrido el tiempo, quite la temperatura y programe 2 minutos, velocidad 5. Si queda grumoso, deje que descienda la temperatura y triture a velocidad 8.
- Unte un molde con aceite y vierta la pasta en él.
- Deje enfriar en el frigorífico un par de horas, desmóldelo, sirva acompañado de salsa mayonesa y decore si lo desea con algunas quisquillas.

Gulas con puré de patata a la gallega

Ingredientes para 4 personas

300 g de gulas
1 diente de ajo
1/2 guindilla seca
100 g de aceite de oliva
1/2 cucharadita de pimentón dulce

Para el puré:

300 g patatas peladas y troceadas
50 g de mantequilla
200 g de leche entera
Sal

Modo de preparación

- Coloque todos los ingredientes del puré en el vaso y programe 10 minutos, temperatura 100 °C, velocidad $3^{1/2}$. Obtendrá un puré de patata suave y ligero. Reserve.
- Una vez terminado el puré limpie y seque bien el vaso e introduzca el aceite de oliva, el diente de ajo, el trozo de guindilla y la cucharada de pimentón. Programe 5 minutos, temperatura 100 °C, velocidad 3.
- Transcurrido el tiempo baje los restos adheridos a las paredes del vaso con la ayuda de la espátula y coloque la mariposa en las cuchillas. Añada las gulas y programe 3 minutos, temperatura 100 °C, velocidad 1.
- Disponga el puré en el fondo del plato y encima las gulas con su salsa.

Merluza a la navarra

Ingredientes para 4 personas

Para el sofrito:

100 g de aceite de oliva
1/2 pimiento rojo troceado
2 dientes de ajo pelados
1 punta de guindilla
50 g de harina
Sal

Otros ingredientes:

50 g de zumo de limón
25 g de vinagre
50 g de vino blanco
1/2 pimiento rojo en tiras
200 g de guisantes congelados

Para el recipiente varoma:

500 g de agua
4 rodajas de merluza
Sal
Pimienta

Modo de preparación

- Ponga los ingredientes del sofrito dentro del vaso y programe 3 segundos, velocidad 4. A continuación, programe 7 minutos, temperatura varoma, velocidad $3^{1/2}$.
- Vierta en el vaso el zumo de limón, el vinagre, el vino, el pimiento en tiras y los guisantes, y programe 10 minutos, temperatura varoma, velocidad 1. Reserve.
- Limpie y seque el vaso, y vierta 500 g de agua; programe 5 minutos, temperatura varoma, velocidad 1. Coloque el recipiente varoma encima con las rodajas de merluza salpimentadas y programe 10 minutos, temperatura varoma, velocidad 1. Cuando transcurra el tiempo programado, compruebe si el pescado está hecho. De no ser así, programe unos minutos más.
- Coloque la merluza en una fuente y sírvala con la salsa por encima.

Rape a la naranja en papillote

Ingredientes para 4 personas

Para la salsa de naranja:

250 g de zumo de naranja
50 g de vino blanco
100 g de nata líquida
50 g de agua
Sal
Pimienta blanca molida

Para el recipiente varoma:

500 g de rape
2 naranjas
Unas ramitas de eneldo (opcional)
Aceite de oliva para pintar el papel
Papel de aluminio
Sal gorda

Modo de preparación

- Corte unos trozos grandes de papel de aluminio para poder envolver correctamente las rodajas de rape y unte el centro con aceite.
- Coloque en cada trozo de papel de aluminio una rodaja de rape, otra de naranja no muy gruesa y una ramita de eneldo; sazone con un poco de sal gorda, cierre bien los paquetes y colóquelos en el recipiente varoma bien tapado. Reserve.
- Introduzca el resto de los ingredientes en el vaso del robot de cocina *Thermomix*® y programe 6 minutos, temperatura varoma, velocidad 1.
- Cuando empiece a hervir retire el cubilete de la tapadera y ponga sobre la misma el recipiente varoma que había reservado.
- Programe 20 minutos, temperatura varoma, velocidad 1. Cuando termine, espere un poco a que pierda temperatura y retire el recipiente varoma del vaso.
- Puede servir el rape envuelto o no y acompañado de la salsa de naranja.

Palometa en salsa

Ingredientes para 4 personas

Para el vaso:

300 g de cebolla pelada y troceada

2 dientes de ajo pelados

100 g de aceite de oliva

150 g de pimiento verde en trozos grandes y sin semillas

1 lata de 1/2 kg de tomate triturado

1 pastilla de caldo de pescado

Otros ingredientes:

4 filetes de palometa

4 cucharadas de aceite de oliva

Sal

50 g de harina

Modo de preparación

- Ponga en el vaso la cebolla y los dientes de ajo, y trocéelos en 2 veces durante 6 segundos, velocidad $3^{1/2}$. Retire la mezcla del vaso y reserve.
- Vierta en el vaso el aceite, coloque la mariposa en las cuchillas y añada la cebolla, el ajo y el pimiento. Programe 15 minutos, temperatura varoma, velocidad 1.
- Agregue el tomate y la pastilla de caldo, y vuelva a programar 20 minutos a la misma temperatura y velocidad.
- Una vez transcurrido el tiempo deje reposar la salsa en el vaso y reserve.
- En una sartén con aceite, dore los filetes de palometa previamente sazonados y enharinados por ambos lados; dispóngalos en una fuente y rocíelos con la salsa reservada.
- Decore el plato con una ramita de perejil.

Mejillones con mojo verde

Ingredientes para 4 personas

Para el recipiente varoma:

800 g de mejillones naturales
500 g de agua

Para la salsa:

60 g de cilantro
2 dientes de ajo pelados
1 cucharadita de comino en polvo
1/2 cucharadita de sal
1/2 cucharadita de cayena en polvo
30 g de vinagre
200 g de aceite de oliva

Modo de preparación

- Limpie bien los mejillones frotando unos contra otros debajo del grifo de agua fría y colóquelos en el recipiente varoma.
- Ponga en el vaso todos los ingredientes de la salsa excepto el vinagre y el aceite, y triture 30 segundos, velocidad 5. Añada el aceite y el vinagre, y triture 1 minuto a velocidad máxima. Retire la salsa y reserve.
- Limpie y seque el vaso, añada 500 g agua y coloque el recipiente varoma con los mejillones. Programe 12 minutos, temperatura varoma, velocidad 2.
- Disponga los mejillones en una fuente y vierta la salsa por encima.

Tartar de salmón

Ingredientes para 4 personas

300 g de salmón fresco
50 g de pepinillos troceados
50 g de alcaparras en vinagre
1 huevo cocido
50 g de zumo de limón
50 g de mostaza
1 manojito de cilantro
50 g de aceite de oliva extra
Sal
Pimienta
Pimiento rojo para decorar

Modo de preparación

- Corte el salmón en trozos desechando la piel y las espinas.
- Introdúzcalo en el vaso y programe 8 segundos, velocidad 8.
- Saque el salmón del vaso y reserve.
- Lave y seque el vaso y la tapa. A continuación eche el resto de los ingredientes menos el zumo de limón, el aceite y la mostaza.
- Pique a velocidad progresiva 5-7-9, agregue el salmón reservado y por último añada el zumo de limón, el aceite y la mostaza.
- Salpimiente y programe 10 segundos, velocidad $3^{1/2}$.
- Rellene con la mezcla obtenida un molde engrasado con aceite y desmolde sobre un plato.
- Si lo desea decore con las tiras de pimiento rojo.

Marmitaco ligero de salmón

Ingredientes para 4 personas

Concentrado de ñoras:

- *4 ñoras*
- *100 g de agua*

Para el sofrito:

- *1 pimiento verde*
- *1 cebolla troceada*
- *2 cucharadas de tomate triturado*
- *2 dientes de ajo*
- *50 g de aceite de oliva*

Otros ingredientes:

- *600 g de patatas troceadas*
- *1 hoja de laurel*
- *Cayena, al gusto*
- *2 pastillas de caldo de pescado*
- *2 cucharaditas de pimentón dulce*
- *750 g de agua*
- *300 g de salmón troceado*
- *200 g de nata líquida*
- *2 cucharadas de perejil picado*

Modo de preparación

- Para hacer el concentrado de ñoras, quite las semillas y rabitos a éstas, y viértalas en el vaso. Pulverícelas durante 30 segundos, velocidad progresiva 5-7-9. Baje los residuos de las paredes del vaso ayudándose de la espátula, agregue el agua y programe 15 minutos, temperatura 100 °C, velocidad 6.
- Añada al vaso todos los ingredientes del sofrito y programe 5 segundos, velocidad 4. A continuación, programe 7 minutos, temperatura 100 °C, velocidad $3^{1/2}$. Transcurrido el tiempo, triture 10 segundos, velocidad 6.
- Ponga la mariposa en las cuchillas y añada al vaso los otros ingredientes, excepto el salmón, la nata y el perejil. Programe 2 minutos, temperatura 100 °C, giro a la izquierda, velocidad cuchara.
- Transcurrido el tiempo, incorpore la nata y el perejil picado, y programe 10 minutos, temperatura 90 °C, giro a la izquierda, velocidad cuchara. Añada el salmón y programe 3 minutos a la misma temperatura y velocidad.

Salmón al vapor con espinacas y salsa tártara

Ingredientes para 4 personas

3 rodajas de salmón
400 g de espinacas
500 g de agua
Sal
Pimienta blanca molida

Para la salsa tártara:

Pepinillos en vinagre
Cebollitas en vinagre
Alcaparras
1 ramita de perejil

Para la mayonesa:

1 huevo
1/2 cubilete de agua
Sal
Zumo de 1/2 limón
400 g de aceite de oliva

Modo de preparación

- Añada al vaso todos los ingredientes de la salsa y programe 5 segundos, velocidad $3^{1/2}$. Reserve en un cuenco.
- Limpie el vaso y eche todos los ingredientes de la mayonesa excepto el aceite; programe unos segundos a velocidad 5. Programe a velocidad 4 y vierta el aceite poco a poco por el bocal con el cubilete levemente inclinado para que no salpique. Después mezcle con el resto de los ingredientes de la salsa tártara. Reserve en el frigorífico.
- Salpimiente las rodajas de salmón, ya limpias y sin espinas, y colóquelas en el recipiente varoma bien cerrado.
- Lave las hojas de espinaca en varias aguas. Coloque la mariposa en las cuchillas, añada al vaso las espinacas y el agua y sazone al gusto.
- Coloque el recipiente varoma con las rodajas de salmón sobre el vaso y programe 20 minutos, temperatura varoma, velocidad 1. Cuando termine compruebe que el salmón está bien hecho. Escurra el agua de las espinacas y colóquelas en un plato formando una montañita, sobre ésta ponga el salmón y decore alrededor con la salsa tártara.

Chopitos al jerez

Ingredientes para 4 personas

1 kg de chopitos
100 g de jerez
Unas hebras de azafrán
1 cucharadita de nuez moscada
Sal

Para el sofrito:

500 g de cebolla
100 g de aceite de oliva
1 hoja de laurel
Unas hojitas de hierbabuena

Modo de preparación

- Limpie los chopitos y deseche la espina interior tirando desde la punta. Reserve.
- Pele la cebolla quitando las capas externas y trocéela.
- Vierta todos los ingredientes del sofrito en el vaso y programe 3 segundos, velocidad 4. A continuación, programe 7 minutos, temperatura varoma, velocidad $3^{1/2}$.
- Añada al vaso el jerez y el azafrán, y programe 5 minutos, temperatura varoma, velocidad $3^{1/2}$.
- Eche los chopitos en el vaso junto con la nuez moscada y un poco de sal, y programe 15 minutos, temperatura varoma, giro a la izquierda, velocidad cuchara.
- Compruebe que los chopitos están en su punto; de no ser así, programe unos minutos más a la misma temperatura y velocidad.

Merluza hervida con vinagreta tibia de tomates con cebollino

Ingredientes para 4 personas

3 filetes de merluza sin espinas
Sal

Para la salsa:

300 g de tomates maduros
3 cubiletes de aceite de oliva
1 cubilete de vinagre de jerez
1 ramillete de cebollino
Sal

Modo de preparación

- Introduzca el cebollino en el vaso y programe 6 segundos, velocidad $3^{1/2}$. Saque el cebollino del vaso y reserve.
- Corte los tomates en trozos pequeños, introdúzcalos en el vaso y programe 6 segundos a velocidad $3^{1/2}$.
- A continuación, baje con la ayuda de la espátula los restos de las paredes del vaso, coloque la mariposa en las cuchillas y vierta el aceite en el interior. Programe 30 minutos, temperatura 90 °C, velocidad 1.
- Mientras se aliñan los tomates, corte en dos los filetes de merluza, sálelos, introdúzcalos en el recipiente varoma y coloque éste en el vaso para que hiervan al vapor de su salsa.
- Una vez aliñados los tomates, coloque los filetes en un plato.
- Añada a la salsa el vinagre de jerez y el cebollino troceado y mezcle con la mariposa 2 minutos a velocidad 1.
- Rectifique de sal y vierta la salsa sobre el pescado.

Rape con avellanas

Ingredientes para 4 personas

800 g de rape

50 g de avellanas peladas

2 dientes de ajo pelados

1 ramita de perejil

100 g de aceite de oliva

300 g de tomate natural triturado

1 rebanada de pan frito

25 g de pimentón dulce

300 g de agua

2 pastillas de caldo de pescado

Para decorar:

Unas avellanas

Perejil picado

Modo de preparación

- Limpie bien el rape quitando la piel y las espinas y trocéelo.
- Ponga en el vaso las avellanas, dé 2 golpes de turbo y a continuación programe 10 segundos, velocidad progresiva 5-7-9. Baje los restos de las paredes del vaso con la ayuda de la espátula, añada el ajo, el perejil y el aceite y triture 2 segundos, velocidad 4. A continuación, programe 2 minutos, temperatura varoma, velocidad $3^{1/2}$.
- Añada el tomate, la rebanada de pan, el pimentón y triture 10 segundos, velocidad 5. Limpie las paredes del vaso con la espátula y programe 7 minutos, temperatura varoma, velocidad $3^{1/2}$.
- Vierta el agua y las pastillas de caldo, y programe 30 minutos, temperatura varoma, velocidad 1. Por último, agregue el rape y programe 7 minutos, temperatura varoma, giro a la izquierda, velocidad cuchara.
- Si lo desea, puede decorar el plato con algunas avellanas enteras y perejil picado.

Atún a la vinagreta

Ingredientes para 4 personas

Para el vaso:

800 g de atún
500 g de agua
1 hoja de laurel
25 g de zumo de limón
1 ramita de perejil
Unos granos de pimienta

Para la vinagreta:

50 g de cebolla
150 g de aceite de oliva
50 g de vinagre
25 g de alcaparras
1/2 cubilete de perejil

Modo de preparación

- Limpie el atún quitándole la piel y las espinas, y pártalo en trozos regulares. Introdúzcalo en el cestillo.
- Añada al vaso el agua y los demás ingredientes. Introduzca el cestillo en el vaso y programe 15 minutos, temperatura 100 °C, velocidad 4. Saque el atún, colóquelo en un recipiente y cúbralo con el caldo de cocción; deje enfriar.
- Pele la cebolla desechando las capas exteriores y trocéela.
- Seque el vaso e introduzca en él todos los ingredientes para preparar la vinagreta, triture a velocidad 7 y después emulsione a velocidad progresiva 5-6 unos segundos.
- Una vez frío, escurra muy bien el atún y rocíelo con la vinagreta.

Mejillones en salsa de puerros y mostaza

Ingredientes para 4 personas

500 g de mejillones
200 g de puerros
1 cubilete de vino blanco seco
Zumo de 1 limón
Pimienta blanca molida
Perejil picado
25 g de mostaza
1 cubilete de aceite de oliva
1 cubilete de agua
Sal

Modo de preparación

- Limpie bien los mejillones raspando la concha con un cuchillo y lávelos con abundante agua. Colóquelos en el recipiente varoma y reserve.
- Vierta el aceite en el vaso junto con los puerros lavados y troceados y programe 5 minutos, temperatura 100 °C, velocidad 5.
- Transcurrido el tiempo, levante la tapa y baje con la espátula los restos que hayan quedado en las paredes del vaso.
- A continuación agregue el resto de los ingredientes. Coloque encima el recipiente varoma bien tapado y programe 20 minutos, temperatura varoma, velocidad 1.
- Cuando termine espere un poco a que descienda la temperatura antes de destapar. Compruebe que los mejillones están abiertos; de no ser así, programe unos minutos más a la misma temperatura y velocidad.
- Coloque los mejillones en un recipiente desechando los que no se hayan abierto, retire la cáscara sobrante de cada mejillón y dispóngalos de forma decorativa en una fuente. Cubra con la salsa de puerros y mostaza.

Filetes de lenguado al vino blanco con champiñón

Ingredientes para 4 personas

8 filetes de lenguado
8 champiñones
2 dientes de ajo
250 g de vino blanco
250 g de nata líquida
50 g de aceite de oliva
Sal

Modo de preparación

- Elimine la tierra de los champiñones con la ayuda de una servilleta y córtelos en láminas.
- Limpie bien los filetes de lenguado de piel y espinas, salpimiéntelos y colóquelos verticalmente, enrollados sobre sí mismos, en el interior del cestillo junto con los champiñones. Reserve.
- Pele los dientes de ajo e introdúzcalos en el vaso. Triture durante unos segundos a velocidad 7.
- Añada al vaso el resto de los ingredientes y programe 30 minutos, temperatura 100 °C, velocidad 4. Transcurridos 8 o 9 minutos pare la máquina, introduzca el cestillo y vuelva a conectarla hasta completar el tiempo. Rectifique de sal si fuera necesario.
- Saque los rollitos de lenguado y colóquelos en un plato. Disponga los champiñones alrededor y rocíelo todo con la salsa resultante.

Merluza a la madrileña

Ingredientes para 4 personas

Para el recipiente varoma:

4 filetes de merluza
Sal
Aceite de oliva
1 berenjena
500 g de agua

Para la salsa:

1/2 cebolla troceada
Orégano
Sal
1 lata de 1/2 kg de tomate natural triturado
Azúcar

Para decorar:

12 tomatitos cherry
Perejil

Modo de preparación

- Sazone el pescado, pincélelo con aceite, corte la berenjena en rodajas y colóquelo todo en el recipiente varoma. Reserve.
- Eche en el vaso la cebolla, el orégano y un poco de sal, y programe 10 segundos, velocidad 5. Agregue el tomate y el azúcar, y programe 5 minutos, temperatura varoma, velocidad 1. Transcurrido el tiempo saque la salsa del vaso y reserve.
- Limpie y seque el vaso, añada 500 g de agua, coloque el recipiente varoma sobre la tapa y programe 15 minutos, temperatura varoma, velocidad 2. Compruebe si está en su punto la merluza; de no ser así, programe unos minutos más.
- Sirva la merluza al vapor en un plato acompañado con la berenjena y la salsa preparada.
- Si lo desea puede decorar el plato con algunos tomatitos cherry partidos por la mitad y unas ramitas de perejil.

Revuelto de bacalao

Ingredientes para 4 personas

500 g de lomos de bacalao
500 g de cebolla
100 g de aceite de oliva extra
8 huevos
500 g de leche
Pimienta
Unas ramitas de perejil

Modo de preparación

- Ponga la noche anterior el bacalao a remojo cambiando el agua varias veces para que se desale.
- Desmigue el bacalao desechando la piel y las espinas.
- Pele las cebollas y córtelas en rodajas finas.
- Ponga en el vaso el perejil y programe 2 minutos a velocidad progresiva 5-7-9. Saque del vaso y reserve.
- Vierta en el vaso la cebolla y el aceite y programe 7 minutos, temperatura 100 °C, velocidad 4.
- Agregue el bacalao y programe 5 minutos, temperatura 100 °C, velocidad 1.
- Por último vierta el resto de los ingredientes y programe 2 minutos, temperatura 90 °C, velocidad 3.
- El tiempo puede variar en función de si se quiere el revuelto más o menos cuajado.
- Rectifique con un poco de pimienta, rellene moldes de la forma deseada y sirva espolvoreado con perejil picado.

Bacalao al vino blanco

Ingredientes para 4 personas

1/2 kg de patatas
4 huevos lavados
500 g de agua
200 g de vino blanco
400 g de bacalao limpio y desalado

Para la salsa mayonesa:

1 huevo
Zumo de 1/2 limón
1/2 cubilete de agua
Sal
4 dientes de ajo picados
400 g de aceite de oliva

Modo de preparación

- Ponga las patatas peladas y cortadas en rodajas dentro del cestillo, y coloque entremedias los huevos. Eche en el vaso el agua y el vino, introduzca el cestillo y programe 22 minutos, temperatura varoma, velocidad 1. Escurra las patatas y los huevos y reserve.
- Limpie el cestillo, eche dentro el bacalao y programe 5 minutos, temperatura varoma, velocidad 1. Escurra el bacalao, guardando un poco de caldo para aligerar la salsa, y desmenúcelo.
- Limpie el vaso, vierta todos los ingredientes de la salsa excepto el aceite y mezcle unos segundos a velocidad 4. Ponga el cubilete ligeramente inclinado, programe velocidad 5 y vierta el aceite para que se mezcle dentro del vaso. Si queda muy espesa la salsa, aligérela con un poco del caldo de cocción del bacalao una vez esté frío.
- En una fuente coloque una capa de patatas, una de huevos cortados en rodajas la mitad del bacalao desmenuzado, y rocíe por encima la mayonesa.

Paquetitos de salmón ahumado rellenos de espuma de marisco

Ingredientes para 4 personas

6 lonchas de salmón ahumado
200 g de langostinos
200 g de gambas
200 g de nata líquida
50 g de kétchup
6 gotas de tabasco
6 gotas de salsa perrins

Modo de preparación

- Pele los langostinos y las gambas y deseche las cabezas.
- Triture en el vaso las gambas y los langostinos a velocidad progresiva 5-7-9 durante unos segundos. Retire del vaso y reserve.
- Lave el vaso, séquelo y vierta la nata en el interior. Ponga la mariposa en las cuchillas y programe velocidad 3 hasta que la nata se monte.
- Incorpore los langostinos y las gambas trituradas y el resto de los ingredientes menos el salmón y mezcle a velocidad 3 durante 1 minuto.
- Disponga las lonchas de salmón ahumado bien abiertas en un plato, coloque una cucharada de espuma de marisco en el centro de cada loncha y pliéguelas sobre sí mismas formando una especie de paquetitos cuadrados. Sirva.

Calamares en salsa picante

Ingredientes para 4 personas

1 kg de calamares
1/2 cebolla mediana
50 g de aceite de oliva
25 g de mantequilla
1 diente de ajo pelado
1 punta de guindilla
1 ramita de perejil
100 g de vino tinto
1 lata de 1/2 kg de tomate triturado
150 g de agua
Sal
Pimienta
Perejil para decorar

Modo de preparación

- Lave y limpie los calamares y córtelos en aros de 1 cm de grosor. Coloque en el recipiente varoma los calamares y reserve.
- Pele la cebolla desechando las capas externas y trocéela.
- Ponga en el vaso el aceite, la mantequilla, el ajo, la guindilla, la cebolla y el perejil, y programe 3 minutos, temperatura 90 °C, velocidad $4^{1/2}$. Terminado el tiempo añada el vino, el tomate y el agua, y salpimiéntelo; coloque el recipiente varoma y programe 25 minutos, temperatura varoma, velocidad 1.
- Al terminar la cocción compruebe que los calamares estén cocidos; de no ser así, programe unos minutos más.
- Sirva los calamares acompañados con la salsa y decore el plato con unas ramitas de perejil.

Paella marinera

Ingredientes para 4 personas

300 g de arroz
150 g de gambas
500 g de mejillones
2 dientes de ajo
Una ramita de perejil
2 pastillas de caldo de pescado
Zumo de 1 limón
Unas hebras de azafrán
100 g de guisantes congelados
150 g de judías verdes troceadas
300 g de rape cortado en trocitos
1 calamar cortado en aros
1 latita de pimiento morrón para decorar
Sal
250 g de agua

Para el sofrito:

100 g de aceite de oliva
100 g de pimientos verdes troceados
1 pimiento rojo troceado
3 dientes de ajo
1 ñora
3 tomates maduros

Modo de preparación

- Pele las gambas, eche las cáscaras y las cabezas en el vaso y reserve las colas. Añada el agua y sal, y programe 3 minutos, temperatura varoma, velocidad 3.
- Lave los mejillones bajo el grifo de agua fría, limpielos y coloquelos en el recipiente varoma encima del vaso, con el caldo. Quite la tapadera y programe 10 minutos, temperatura varoma, velocidad 2. Procure que todo el jugo de los mejillones caiga dentro del vaso.
- Retire los mejillones y resérvelos. Cuele el caldo por un colador fino y reserve.
- Lave el vaso y la tapa. Eche en el vaso los ajos, el perejil y las pastillas; triture 10 segundos, velocidad 4. Añada el caldo, el zumo de limón y el azafrán y programe otros 30 segundos, velocidad 8. Reserve.
- Ponga los ingredientes del sofrito en el vaso y programe 5 minutos, temperatura 100 °C, velocidad 4. Desprenda con la espátula lo que haya quedado adherido a las paredes.
- Ponga la mariposa en las cuchillas, añada los guisantes, las judías verdes, el rape y el calamar y programe 3 minutos, temperatura varoma, velocidad 1.

Sin abrir, incorpore el arroz por el bocal y rehóguelo programando 2 minutos, temperatura varoma, velocidad 1. Añada todo el líquido que tenía reservado y vuelva a programar 14 minutos, temperatura varoma, velocidad 1.

Eche las colas de las gambas y los mejillones sin cáscara por el bocal y deje reposar durante 1 minuto dentro del vaso. Disponga la paella en una fuente y decore a su gusto.

Rollitos de lenguado, salmón y espinacas con salsa de tomate

Ingredientes para 4 personas

6 filetes de lenguado
6 filetes de salmón
Hojas de espinacas
Sal
Pimienta

Para el sofrito:

50 g de aceite de oliva
100 g de cebolla
100 g de pimiento rojo
100 g de pimiento verde
2 dientes de ajo

Para la salsa de tomate:

1/2 kg de tomate triturado
Unas hojas de albahaca
1 pastilla de caldo de pescado

Modo de preparación

- Limpie el pescado de piel y espinas.
- Corte 3 tiras de film transparente y coloque en cada una 2 filetes de lenguado, encima 2 filetes de salmón, sobre éstos algunas hojas de espinacas y salpimiente al gusto. Enrolle el pescado sobre sí mismo, envuelva el rollito con el film transparente y anude los extremos. Disponga los rollitos en el recipiente varoma, tape y reserve.
- Eche en el vaso los ingredientes del sofrito y programe 7 minutos, temperatura 100 °C, velocidad 4. Para que quede todo bien triturado programe unos segundos a velocidad 6.
- Con la espátula baje lo que se haya quedado en las paredes del vaso y añada los ingredientes de la salsa. Tape y programe 30 minutos, temperatura varoma, velocidad 1. Después de 8 o 9 minutos quite el cubilete de la tapa y coloque sobre ella el recipiente varoma.
- Transcurrido el tiempo, deje reposar unos segundos. Compruebe que los rollitos están cocidos, retire el film y córtelos en rodajas. Dispóngalas en un plato y acompañe con la salsa de tomate.

VORWERK
Varoma
PRODOTTO
ITALIANO
LUCCA
TOSCANA

Carnes

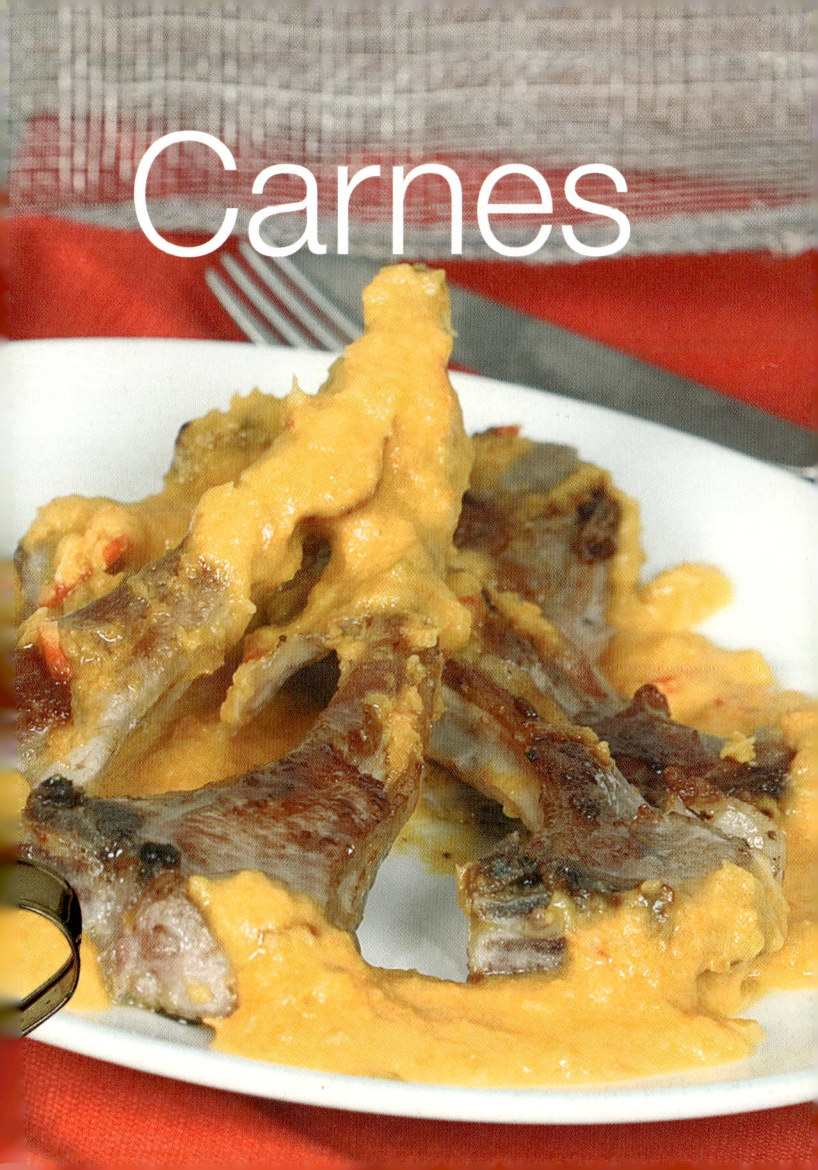

Mollejas a la montañesa

Ingredientes para 4 personas

400 g de mollejas
1.500 g de agua
100 g de cebolla pelada y troceada
2 ramitas de perejil
1 hoja de laurel
50 g de zumo de limón
3 dientes de ajo pelados
100 g de aceite de oliva
Sal
Pimienta
50 g de pan rallado
Perejil picado para espolvorear

Modo de preparación

- Ponga a remojar las mollejas en agua fresca, cámbieles el agua varias veces hasta que queden limpias de sangre.
- Llene el vaso con 1.500 g de agua y añada la cebolla, una ramita de perejil, la hoja de laurel, el zumo de limón y las mollejas, y programe 15 minutos, temperatura 100 °C, giro a la izquierda, velocidad cuchara.
- Escurra las mollejas utilizando el cestillo, refrésquelas con agua fría y quite las pieles y la grasa que puedan tener.
- Cuando las mollejas se hayan enfriado y vuelto a endurecer, córtelas en trozos.
- Limpie el vaso, séquelo e introduzca la otra ramita de perejil, los dientes de ajo y el aceite. Trocéelos 4 segundos, velocidad 4. A continuación, programe 5 minutos, temperatura 100 °C, velocidad 1. Añada las mollejas salpimentadas, espolvoree el pan rallado y programe 2 minutos, temperatura 100 °C, giro a la izquierda, velocidad cuchara.
- Sirva el plato espolvoreado con perejil.

Lomo de cerdo con chorizo y salsa de cebolla

Ingredientes para 4 personas

Para el recipiente varoma:

400 g de lomo fresco en una pieza
200 g de chorizo
Sal

Para la salsa:

3 cebollas medianas
100 g de aceite de oliva
200 g de vino blanco
300 g de agua
Sal
Pimienta blanca molida

Modo de preparación

- Haga un corte en el centro del lomo con un cuchillo afilado y largo e introduzca el chorizo sin piel. Sazone y coloque en el recipiente varoma. Tápelo y reserve.
- Trocee las cebollas, añádalas al vaso y triture durante 6 segundos, velocidad 3 1/2. Añada el aceite y programe 5 minutos, temperatura 100 °C, velocidad 2.
- A continuación añada el resto de los ingredientes de la salsa al vaso. Coloque el recipiente varoma reservado y programe 30 minutos, temperatura varoma, velocidad 1.
- Transcurrido el tiempo saque, con cuidado de no quemarse, el trozo de lomo y córtelo en filetes.
- Coloque de forma vistosa las lonchas en platos individuales y vierta la salsa caliente por encima.

Manitas de cordero guisadas

Ingredientes para 4 personas

4 manitas de cordero abiertas por la mitad
400 g de aceite de oliva
100 g de jamón serrano
100 g de cebolla
1 cucharada de pimentón dulce
2 dientes de ajo
100 g de vino blanco
300 g de agua
Sal

Modo de preparación

- Ponga en el vaso la cebolla y trocee de 6 a 8 segundos, velocidad $3^{1/2}$. Reserve.
- Saque la cebolla del vaso, ponga el jamón y dé 4 o 5 golpes de turbo.
- Añada al vaso el aceite y la cebolla y programe 5 minutos, temperatura 100 °C, velocidad 5.
- Saque el contenido del vaso e introdúzcalo en el cestillo junto con el resto de los ingredientes incluyendo las manitas de cordero.
- Coloque el cestillo en el robot de cocina *Thermomix®* y programe 40 minutos, temperatura 100 °C, velocidad 4.
- Transcurrido el tiempo saque las manitas y colóquelas en un plato.
- Vierta la salsa resultante por encima y sirva caliente.

Morcillo de ternera en salsa

Ingredientes para 4 personas

1 puerro

70 g de aceite de oliva

800 g de morcillo en trozos pequeños

200 g de cebolla pelada y troceada

1/2 cubilete de perejil picado

2 dientes de ajo pelados

300 g de agua

200 g de vino blanco

2 pastillas de caldo de carne

Pimienta

Perejil picado para espolvorear

Modo de preparación

- Limpie el puerro, deseche la parte verde y trocéelo.
- En una sartén con el aceite caliente, dore ligeramente los trozos de morcillo. Retire y escurra el morcillo, y reserve el aceite.
- Vierta en el vaso el aceite reservado, la cebolla, el perejil, el puerro y los dientes de ajo, y trocee durante 6 segundos a velocidad $3^{1/2}$. A continuación, programe 5 minutos, temperatura 100 °C, velocidad 1 y, cuando haya finalizado el tiempo, tritúrelo durante 30 segundos a velocidad progresiva 5-7-9.
- Añada el morcillo al vaso y programe 2 minutos, temperatura varoma, giro a la izquierda, velocidad cuchara. Transcurrido el tiempo, añada el agua, el vino, las pastillas de caldo y la pimienta. Programe 35 minutos, temperatura varoma, giro a la izquierda, velocidad cuchara. Compruebe que la carne esté blanda; si no es así, programe unos minutos más a la misma velocidad y temperatura.
- Sirva el plato espolvoreado con perejil picado.

Solomillo strogonof

Ingredientes para 4 personas

100 g de aceite de oliva
100 g de cebolla
250 g de pimiento rojo
1 diente de ajo
100 g de tomate natural pelado
500 g de solomillo en tiras
1 cucharadita de pimentón dulce
1 cucharadita de pimentón picante
200 g de agua

Modo de preparación

- Ponga dentro del vaso la cebolla y trocee 6 segundos, velocidad $3^{1/2}$.
- Saque la cebolla troceada y proceda de la misma forma con el pimiento. Añada la cebolla, el aceite, el ajo y el tomate triturado. Programe 5 minutos, temperatura 100 °C, velocidad 5.
- A continuación, con la ayuda de la espátula, baje los restos que se hayan quedado adheridos en las paredes del vaso, coloque la mariposa en las cuchillas y agregue el resto de los ingredientes. Programe 10 minutos, temperatura 100 °C, velocidad 1.
- Transcurrido el tiempo el solomillo estará en su punto para servir. Si lo desea puede acompañar el plato con unos costrones de pan.

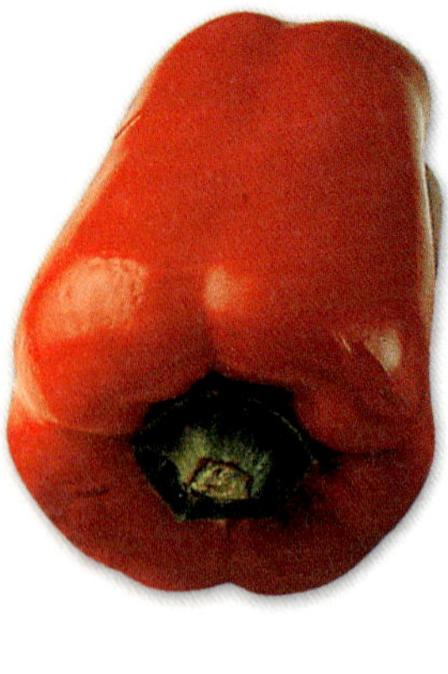

Aguja de ternera a la jardinera

Ingredientes para 4 personas

800 g de aguja de ternera
70 g de aceite de oliva
150 g de cebolla pelada y cortada en cuartos
100 g de zanahorias troceadas
2 nabos pelados y troceados
2 dientes de ajo pelados
500 g de agua
1 pastilla de caldo de carne
150 g de vino blanco
Laurel
Pimienta
100 g de guisantes congelados
1 lata de 1/2 kg de alcachofas escurridas y troceadas
8 espárragos verdes en conserva

Modo de preparación

- Corte en trozos pequeños la carne y rehóguela en una sartén con el aceite caliente hasta que se dore ligeramente. Escurra el aceite empleado y viértalo en el vaso. Reserve la carne.
- Añada al vaso la cebolla, las zanahorias, los nabos y los ajos, y programe 6 segundos, velocidad $3^{1/2}$. Baje los restos de las paredes del vaso y programe 10 minutos, temperatura 100 °C, velocidad 4. Añada el agua, la pastilla de caldo y el vino; ponga el cesto con la carne, el laurel y la pimienta, y programe 30 minutos, temperatura 100 °C, velocidad 4.
- Transcurrido el tiempo compruebe que la carne esté tierna; puede programar unos minutos más a la misma temperatura y velocidad. Saque el cestillo del vaso y programe 15 segundos, velocidad 8. Si desea que la salsa quede más fina programe unos minutos más, temperatura varoma. Añada los guisantes y las alcachofas bien escurridas, y programe 10 segundos, temperatura varoma, giro a la izquierda, velocidad cuchara.
- Disponga la carne en una fuente, vierta la salsa y decore con los espárragos.

Steak tártaro

Ingredientes para 4 personas

50 g de alcaparras
50 g de pepinillos en vinagre
50 g de cebolla
50 g de clara de huevo cocida
50 g de yema de huevo cocida
50 g de perejil
50 g de mostaza
1 yema de huevo cruda
600 g de solomillo de ternera
Sal
Pimienta blanca

Modo de preparación

- Pique por separado las alcaparras, los pepinillos, la cebolla, el perejil, la clara de huevo y la yema a velocidad progresiva 5-7-9 durante unos segundos y reserve en platitos individuales como guarnición.
- Corte la carne en trozos limpiándola bien de grasa; viértala en el vaso de 300 g en 300 g para un mejor resultado y programe 10 segundos a velocidad 8.
- Agregue la yema de huevo cruda, la mostaza y la mitad de la guarnición. Salpimiente y programe otros 10 segundos a velocidad 5.
- Rellene con la carne picada un molde engrasado con aceite, vuelque sobre un plato y sirva con el resto de la guarnición. Si lo desea, puede acompañar el steak tártaro con una yema de huevo.

Croquetas de jamón de Jabugo con tumaca

Ingredientes para 4 personas

Para el vaso:

150 g de jamón de Jabugo
75 g de aceite de oliva
75 g de margarina
30 g de cebolla pelada y troceada
1 diente de ajo pelado
170 g de harina
1 tomate maduro pelado y sin semillas
800 g de leche
Nuez moscada
Sal
Pimienta

Otros ingredientes:

1 huevo
Pan rallado
Aceite de oliva

Modo de preparación

- Ponga el jamón en el vaso y píquelo con 5 golpes de turbo. Retire el jamón del vaso y reserve.
- Vierta en el vaso el aceite, la margarina, la cebolla y el diente de ajo, y programe 3 minutos, temperatura 100 °C, velocidad 5. Añada la harina y programe 2 minutos, temperatura 90 °C, velocidad 4.
- Incorpore los ingredientes restantes y dos cucharadas del jamón picado. Mezcle 10 segundos a velocidad 8 y, a continuación, programe 7 minutos, temperatura 90 °C, velocidad 5. Observe la masa por el bocal y, cuando espese, baje a velocidad 3.
- Cuando pare la máquina, deje reposar unos segundos sin retirar el vaso. Incorpore el jamón restante y mezcle con la espátula.
- Por último, vierta la besamel en una manga pastelera y cuando esté fría, forme tiras de besamel sobre una bandeja con pan rallado. Corte las tiras en trozos del mismo tamaño y modele las croquetas. Páselas por huevo batido y pan rallado, y fríalas en una sartén con abundante aceite hasta que se doren.

Solomillo de ternera a la pimienta verde

Ingredientes para 4 personas

4 solomillos de ternera

Para la salsa de pimienta:

50 g de pimienta verde
200 g de nata líquida
200 g de vino blanco seco
2 dientes de ajo
50 g de cebolla
50 g de aceite de oliva
Sal

Modo de preparación

- Eche en el vaso los dientes de ajo, la cebolla y el aceite de oliva y programe 5 segundos a velocidad $3^{1/2}$. A continuación programe 4 minutos, temperatura 100 °C, velocidad 4.
- Baje con la ayuda de la espátula los restos que se hayan quedado en las paredes del vaso, ponga la mariposa en las cuchillas y añada la pimienta verde, la nata líquida y el vino blanco (reserve un poco para desengrasar la sartén). Programe 5 minutos, temperatura 100 °C, velocidad $3^{1/2}$. Reserve la salsa obtenida.
- En una sartén con aceite muy caliente, fría ligeramente los solomillos por ambos lados justo antes de servir. Vierta en la sartén donde ha frito los solomillos un poco de vino blanco para recoger la sustancia del solomillo que haya quedado pegada y agréguela al vaso.
- Para terminar la salsa programe 5 minutos, temperatura 100 °C, velocidad $3^{1/2}$.
- Rocíe la salsa sobre los solomillos y si lo desea, puede acompañarlos con patatas al vapor.

Rollito de pollo y foie con salsa chimichurri

Ingredientes para 4 personas

3 pechugas de pollo
200 g de foie
Film transparente
Sal
Pimienta blanca molida
500 g de agua

Para la salsa:

1 guindilla seca sin pepitas
4 dientes de ajo
1 cucharadita de orégano
Pimienta blanca molida
200 g de aceite de oliva
50 g de vinagre
1 cucharadita de pimentón dulce
Sal

Modo de preparación

- Ponga todos los ingredientes de la salsa en el vaso y programe 1 minuto a velocidad progresiva 5-7-9. Reserve.
- Coloque cada pechuga de pollo, previamente aplastadas, sobre film transparente y en cada una ponga la cantidad de foie que le corresponda. Salpimiente. Haga un rollito con ello, y colóquelos en el recipiente varoma.
- Eche el agua en el vaso, ponga la tapadera y sobre ésta el recipiente varoma con los rollitos. Programe 30 minutos, temperatura varoma, velocidad 1.
- Transcurrido el tiempo espere un poco a que baje la temperatura, destape y compruebe que los rollitos están hechos, de no ser así, programe unos minutos más.
- Retire el film transparente y corte en rodajas los rollitos.
- Disponga los rollitos en una fuente y vierta la salsa chimichurri por encima.

Chuletas al chilindrón

Ingredientes para 4 personas

Para la salsa:

250 g de cebolla
1 tomate maduro
1 zanahoria
1 diente de ajo
1 pimiento rojo
1 pimiento verde
50 g de aceite de oliva
100 g de vino blanco
1 pastilla de caldo de carne
Pimienta

Otros ingredientes:

4 cucharadas de aceite de oliva
12 chuletas de cordero

Modo de preparación

- Pele la cebolla desechando las capas externas y trocéela.
- Pele el tomate y la zanahoria, y trocéelos. Pele el diente de ajo.
- Lave los pimientos, deseche las semillas y trocéelos.
- Añada al vaso los ingredientes anteriores y vierta el aceite. Programe 7 segundos, velocidad $3^{1/2}$.
- Baje los restos de las paredes del vaso con la ayuda de la espátula y programe 12 minutos, temperatura 100 °C, velocidad 4. Baje de nuevo los restos, añada los demás ingredientes de la salsa y programe 4 minutos, temperatura 100 °C, velocidad 6.
- En una sartén con aceite de oliva caliente fría las chuletas hasta que queden doraditas; retírelas del fuego y póngalas sobre papel absorbente para eliminar el exceso de aceite.
- Coloque las chuletas en una fuente y sírvalas en el momento rociadas con la salsa preparada.

Pechuga de pato con salsa de cerezas

Ingredientes para 4 personas

2 pechugas de pato
1/2 cubilete de aceite de oliva extra
2 dientes de ajo
250 g de cerezas deshuesadas
50 g de cebolla
50 g de azúcar moreno
3 clavos
1/2 cubilete de oporto tinto
1/2 cubilete de aguardiente de cerezas
250 g de cerezas
Sal
Pimienta

Modo de preparación

- Vierta en el vaso el aceite, los dientes de ajo, la cebolla, el azúcar moreno y programe 5 segundos, velocidad $3^{1/2}$. A continuación programe 4 minutos, temperatura 100 °C, velocidad 4.
- Transcurrido el tiempo, añada las cerezas deshuesadas, el oporto, el aguardiente y los clavos; sazone de sal y pimienta y programe 10 minutos, temperatura 100 °C, velocidad $3^{1/2}$. Reserve la salsa obtenida.
- Sazone las pechugas de pato con sal y pimienta y dórelas del lado de la piel en una sartén engrasada y muy caliente durante unos minutos, con cuidado de que no se quemen, hasta que queden doradas y poco hechas por dentro.
- Filetee las pechugas de pato finamente, vierta la salsa por encima y adorne con cerezas frescas.

Carne con patatas guisadas al estilo extremeño

Ingredientes para 4 personas

Para el sofrito:

1/2 pimiento verde
1/2 pimiento rojo
1/2 cebolla
1 tomate
2 dientes de ajo
50 g de aceite de oliva
1 pastilla de caldo de carne

Otros ingredientes:

600 g de patatas peladas y troceadas
1 hoja de laurel
2 cucharaditas de pimentón dulce
750 g de agua
200 g de magro de ternera en trozos
1 cucharadita de orégano

Modo de preparación

- Lave los pimientos, deseche las semillas y trocéelos. Pele la cebolla, deseche las capas externas y trocéela. Pele el tomate y trocéelo. Pele los dientes de ajo.
- Ponga en el vaso todos los ingredientes del sofrito y programe 7 segundos, velocidad $3^{1/2}$. A continuación, programe 6 minutos, temperatura 100 °C, velocidad 4.
- Transcurrido el tiempo, añada al vaso el resto de los ingredientes excepto el magro y el orégano, y programe 15 minutos, temperatura 100 °C, velocidad 1.
- A continuación, añada el magro y el orégano, y programe 15 minutos, temperatura 100 °C, giro a la izquierda, velocidad cuchara.
- Compruebe si la carne está en su punto; de no ser así, programe unos minutos más. El tiempo de cocción dependerá del tipo de patata y del grosor de la carne.

Blanqueta de ternera

Ingredientes para 4 personas

100 g de aceite de oliva
2 dientes de ajo
200 g de cebolla
500 g de carne de ternera blanca troceada
400 g de nata líquida
200 g de vino blanco
Sal
Pimienta

Para el recipiente varoma:

200 g de champiñones laminados
200 g de zanahoria en rodajas

Modo de preparación

- Ponga el día anterior la carne dentro del frigorífico en remojo para que se desangre, y cambie el agua al menos dos veces.
- Coloque el champiñón y la zanahoria en el recipiente varoma y reserve.
- Introduzca en el vaso el aceite, el ajo y la cebolla troceada, y programe 5 minutos, velocidad 5.
- Desprenda lo que se haya adherido a las paredes del vaso con ayuda de la espátula y coloque la mariposa en las cuchillas. Agregue el resto de los ingredientes.
- Coloque el recipiente varoma en el vaso y programe 30 minutos, temperatura varoma, velocidad 1.
- Pasado el tiempo coloque la carne con su salsa en platos individuales y acompañe con la guarnición de champiñón y zanahoria que ha preparado en el recipiente varoma.
- Si lo desea puede decorar el plato espolvoreando la carne con finas hierbas.

Solomillo de cerdo con salsa de manzana

Ingredientes para 4 personas

Para el recipiente varoma:

4 solomillos pequeños de cerdo

Sal

Pimienta

Para el vaso:

2 manzanas reineta

250 g de zanahorias troceadas

250 g de cebollas peladas y troceadas

2 dientes de ajo pelados

70 g de aceite de oliva

300 g de agua

1 pastilla de caldo de carne

1 pizca de nuez moscada

1/2 cucharadita de canela

Para decorar:

1 manzana roja

Modo de preparación

- Corte los solomillos en medallones, salpiméntelos y colóquelos en el recipiente varoma. Reserve.
- Pele las manzanas y trocéelas desechando el corazón.
- Agregue al vaso las zanahorias, las cebollas, los dientes de ajo y las manzanas troceadas, y programe 10 segundos, velocidad 4.
- Añada el aceite y programe 10 minutos, temperatura varoma, velocidad 1. Transcurrido el tiempo añada el resto de los ingredientes, coloque el recipiente varoma y programe 25 minutos, temperatura varoma, velocidad 1. Compruebe que la carne esté tierna; de no ser así, programe unos minutos más a la misma temperatura y velocidad.
- Retire el recipiente varoma con cuidado de no quemarse; si desea que la salsa quede más fina, tritúrela durante 15 segundos a velocidad 8.
- Para que el plato quede más vistoso, sirva la carne en una fuente acompañada con la salsa y adornada con media manzana roja fileteada.

Filete cordon bleu al vapor

Ingredientes para 4 personas

Para el recipiente varoma:

4 filetes de ternera
4 lonchas de jamón serrano
4 lonchas de queso para fundir
Film transparente

Para la salsa:

300 g de dátiles sin hueso
200 g de vino blanco
50 g de mantequilla
50 g de aceite de oliva
300 g de agua
Sal

Modo de preparación

- Extienda el film transparente sobre una superficie lisa.
- Coloque por este orden los ingredientes encima del film: un filete, una loncha de jamón serrano y una loncha de queso.
- Enrolle el filete y envuélvalo con el film formando un rulo, átelo en los extremos (ver p. 12); repita la misma operación con el resto de los filetes.
- Coloque los rollitos en el recipiente varoma, tápelos y reserve.
- A continuación coloque todos los ingredientes de la salsa en el vaso y programe 30 segundos, velocidad progresiva 5-7-9.
- Transcurrido el tiempo ponga la tapadera, coloque el recipiente varoma sobre el vaso sin el cubilete y programe 25 minutos, temperatura varoma, velocidad 1.
- Espere un poco antes de destapar, desate los rollitos, trínchelos, colóquelos en un plato, vierta la salsa por encima y decore al gusto.

Rollo de carne relleno

Ingredientes para 4 personas

700 g de carne picada de ternera

Para el aliño de la carne:

2 zanahorias peladas
1 cebolla pelada
1 diente de ajo pelado
30 g aceite de oliva
Sal
Pimienta
1 clara de huevo
1 pizca de nuez moscada

Para el relleno:

1 manzana
4 lonchas de queso
4 lonchas de beicon
8 ciruelas pasas
100 g de uvas pasas
4 nueces

Para la salsa:

2 zanahorias peladas
2 cebollas peladas
50 g aceite de oliva
150 g de tomate triturado
250 g de vino blanco
250 g de agua
Sal

Modo de preparación

- Trocee y eche en el vaso las zanahorias, la cebolla, el ajo y el aceite, y programe 10 segundos, velocidad 4. A continuación, programe 12 minutos, giro a la izquierda, velocidad cuchara. Añada la carne, la clara y los condimentos, y programe 15 segundos, velocidad 6.
- Pele la manzana, quítele el corazón y lamínela. Reserve.
- Extienda sobre una superficie plana dos rectángulos de papel de aluminio y reparta entre ambos la carne preparada; forme con la carne dos rectángulos y coloque sobre ellos los ingredientes del relleno a partes iguales.
- Haga un rollito con cada rectángulo y envuélvalos con el papel de aluminio. Póngalos en el centro del recipiente varoma y pínchelos con un tenedor. Reserve.
- Eche en el vaso los ingredientes para la salsa y triture 12 segundos, velocidad 4. Después programe 6 minutos, temperatura varoma, velocidad 1. Coloque el recipiente varoma y programe 30 minutos, temperatura varoma, velocidad 1. Deje enfriar. Retire el papel de los rollitos y acompáñelos con la salsa.

Pavo relleno de dátiles con salsa de mango

Ingredientes para 4 personas

2 pechugas de pavo fileteadas
200 g de dátiles sin hueso
Unas gotitas de coñac
500 g de agua
Sal y pimienta

Para la salsa:

1 mango maduro
El zumo de 1 limón
Unas gotas de tabasco
Una cucharadita de kétchup
Sal
50 g de agua

Modo de preparación

- Pele el mango y córtelo en trozos despojándolo del hueso. Introdúzcalo en el vaso con el resto de los ingredientes de la salsa.
- Programe 3 minutos, velocidad 4. Cuando termine compruebe que el mango está bien triturado, de no ser así, programe unos minutos más.
- A continuación extienda un trozo de film transparente, coloque un filete de pavo, sazone y báñelo con unas gotas de coñac. Ponga encima varios dátiles y enrolle el filete sobre sí mismo. Envuélvalo en el film y ate los extremos. Haga un rollito con cada filete.
- Vierta el agua en el vaso y coloque encima el recipiente varoma con los rollitos de pavo y dátiles. Programe 25 minutos, temperatura varoma, velocidad 1.
- Cuando termine, espere a que baje la temperatura, saque los rollitos del recipiente varoma, quíteles el envoltorio y córtelos en rodajas.
- Vierta la salsa en el plato, disponga los rollitos encima y decore con finas hierbas.

Albóndigas de la abuela Andrea

Ingredientes para 4 personas

250 g de carne de ternera
250 g de carne de cerdo
3 dientes de ajo pelados
1 ramita de perejil
2 huevos
80 g de pan rallado
50 g de vino blanco
Sal
Harina para rebozar
Aceite de oliva

Para la salsa:

50 g de aceite
100 g de cebolla pelada y troceada
1 diente de ajo pelado
1 lata de 1 kg de tomate natural triturado
25 g de azúcar
Sal
Pimienta

Modo de preparación

- Corte la carne en trozos limpiándola bien de grasa. Introdúzcala en el vaso junto con los ajos y el perejil, y programe 10 segundos, velocidad 8.
- Añada los huevos, el pan rallado, el vino y la sal, y mezcle 6 segundos, velocidad $3^{1/2}$.
- Saque la mezcla del vaso y forme las albóndigas, de un tamaño grande, con las manos. Páselas por harina y fríalas en una sartén con el aceite caliente. Reserve.
- Limpie bien el vaso para preparar la salsa. Vierta el aceite, la cebolla y el ajo, y programe 10 segundos, velocidad 5. Limpie las paredes del vaso con la espátula y programe 3 minutos, temperatura 100 °C, velocidad 2. Agregue el tomate y el azúcar, salpimiéntelo y programe 30 minutos, temperatura 100 °C, velocidad 1. Añada a la salsa las albóndigas y programe 2 minutos, temperatura 100 °C, giro a la izquierda, velocidad cuchara.
- Sirva las albóndigas con la salsa y si lo desea decore el plato con unas hojas de perejil.

VORWERK

Postres

Habitualmente acostumbramos a terminar las comidas con algún plato dulce, aunque su consumo no sólo se limita a estos momentos, ya que también es muy frecuente en desayunos, meriendas, fiestas de cumpleaños o celebraciones especiales.

En general, la repostería requiere tener bastante experiencia culinaria, sobre todo a la hora de dar el punto a las masas, ciertas mezclas, yemas y claras. Esta dificultad queda eliminada con la utilización del robot de cocina Thermomix®, un electrodoméstico que se ha convertido en aliado imprescindible en nuestra cocina. Se trata de un pequeño robot con múltiples funciones y de reducido tamaño que nos permitirá ahorrar tiempo y obtener resultados propios de un profesional.

Gracias a sus accesorios es posible batir claras a punto de nieve, montar nata o preparar distintas masas: hojaldre, masa quebrada, etc., que servirán de base para algunas tartas o postres fríos y calientes.

Para obtener los mejores resultados es imprescindible la elección de ingredientes de primera calidad, adecuados a cada receta. Así, en repostería es aconsejable el uso de harina refinada; en cuanto al chocolate no se utilizará el mismo tipo para elaborar un relleno, una mousse o una cobertura. Si queremos montar nata, será necesario elegir una que contenga al menos un 25% de materia grasa, de modo que podamos conseguir la textura adecuada a cada uso, ya sea para hacer con ella un relleno o como elemento decorativo sirviéndonos de la manga pastelera.

El control del tiempo es fundamental en repostería, ya que de este factor depende en gran medida el resultado del postre. El robot de cocina Thermomix® dispone de una pequeña alarma que nos avisa cuando el trabajo está terminado.

Además de ahorrar tiempo, con este pequeño robot dispondremos de más espacio en nuestra cocina, ya que podremos prescindir de utensilios como varillas, espátula o batidora. Su fácil limpieza es también un valor añadido.

El robot de cocina Thermomix® *es un electrodoméstico de avanzada tecnología y diseño vanguardista. Cuenta únicamente con tres mandos que permiten, en un solo gesto, controlar la temperatura, el tiempo y la velocidad. Sólo es necesario seguir cuidadosamente las sencillas instrucciones de cada receta para conseguir óptimos resultados que sorprenderán a los más exigentes.*

Recomendaciones

HARINA

La harina es la materia prima esencial para la elaboración de pan, bollos y pasteles. Existen varios tipos. La harina común es la más refinada y la más utilizada en cocina. Existe una harina especial que contiene un 100% de trigo blando y su textura es adecuada para utilizar en repostería y elaborar masas, tartas y todo tipo de pasteles. Las harinas con contenido alto en gluten son las más indicadas para la confección de masas con levadura, especialmente las utilizadas en la elaboración de hojaldre.

Una vez comprada la harina debemos conservarla en un lugar seco ya que la humedad hace que se alteren el gluten y el almidón, lo que provoca que la harina fermente y se endurezca.

MANTEQUILLA

Antes de utilizar la mantequilla para preparar bizcochos, pasteles o tartas, conviene dejar que se ablande, aunque sin que llegue a derretirse, para mezclarla fácilmente con el azúcar. Si se nos ha olvidado sacarla del frigorífico, podemos cortarla en dados e introducirlos durante unos segundos en el microondas para ablandarlos.

La mantequilla debe conservarse en el frigorífico bien envuelta en papel de aluminio para que no se impregne de los olores fuertes de la nevera.

El calor favorece el enranciamiento de las grasas, formándose ácidos grasos libres de cadena corta, responsables del mal olor y sabor.

NATA

Para poder montar nata con éxito en el robot de cocina Thermomix®, *asegúrese de que el vaso está bien frío antes de echar la nata; en caso contrario, añada unos cubitos de hielo, tritúrelos 10 segundos, velocidad 5, y deje el hielo durante unos minutos dentro del vaso.*

La nata debe tener al menos un 25% de materia grasa. De esta manera, se podrá montar en pocos minutos.

HORNEAR BIZCOCHOS Y TARTAS

Para hornear bizcochos o tartas, el horno deberá estar previamente calentado ya que, de no ser así, no podremos medir el tiempo de cocción con precisión.

No debe abrir el horno nunca antes de que termine el tiempo programado porque de inmediato bajará el volumen del bizcocho.

HUEVOS

Los huevos deben guardarse en la nevera, en un compartimento separado de los demás alimentos para que no absorban los olores más fuertes. En repostería los huevos se utilizan enteros o separando las claras de las yemas, según la receta. Para que se mezclen bien con el resto de los ingredientes, es necesario utilizarlos a temperatura ambiente.

CHOCOLATE

El chocolate en repostería debe ser de buena calidad ya que es uno de los ingredientes más utilizados. Es recomendable que utilice chocolate con un 70% de cacao.

Mientras el chocolate está derretido es posible mezclarlo con otros ingredientes siempre y cuando estén a la misma temperatura.

El chocolate debe fundirse a temperatura muy baja puesto que se quema fácilmente y su sabor se desvirtúa. La forma tradicional de fundirlo es al baño maría.

Para hacer figuras, funda el chocolate según el procedimiento que se indica en las recetas, viértalo sobre una hoja de papel sulfurizado o de aluminio y déjelo enfriar. Cuando se haya endurecido ligeramente, haga figuritas decorativas (corazones, flores, etc.) utilizando un cortapastas antes de que se enfríe.

FORRAR UN MOLDE CON MASA

Estire la masa sobre una superficie enharinada, hasta que tenga un diámetro 6 cm mayor que el molde. Coloque la masa, con ayuda de un rodillo, encima del molde y recorte lo que sobre con la ayuda de un cuchillo. Pinche la base con un tenedor, forre la masa con papel sulfurizado y rellene el hueco con legumbres crudas antes de hornear.

COLORANTE ALIMENTARIO

Este colorante, presentado en pequeños tubitos con líquido de diferentes colores, se utiliza mucho en repostería. El colorante alimentario le permitirá aplicar de forma sencilla pequeñas cantidades de producto a dulces y adornos.

LÁPIZ PASTELERO

Para quien no tenga la habilidad de utilizar la manga pastelera, existe el lápiz pastelero, que le permitirá hacer dibujos y adornos en sus postres de forma fácil y rápida. Se encuentra en los supermercados y pastelerías en diferentes sabores.

Técnicas de elaboración

PASO A PASO

Para garantizar el éxito de nuestros postres, es importante cuidar la presentación de cada una de las recetas, por muy sencillas que sean, con el fin de obtener el aspecto más apetitoso a la hora de llevarlos a la mesa.

Siguiendo las instrucciones de este apartado conseguirá rellenar correctamente un bizcocho o elaborar una banda de hojaldre que sirva de base o cobertura a algún relleno.

Las flores y hojas de colores son un elemento decorativo muy vistoso que añadirá a nuestros postres un toque de buen gusto. Para confeccionar estos adornos es necesario preparar mazapán a partir de los ingredientes que enumeramos en estas páginas y seguir los pasos indicados:

Banda de hojaldre

1. Estire una lámina de hojaldre sobre una superficie lisa y córtela en tres partes del mismo tamaño.

2. Reserve el rectángulo central y corte dos tiras de las otras dos partes.

3. Coloque cada tira en el borde del rectángulo de hojaldre.

4. Marque las dos tiras con la ayuda de un cuchillo para que se unan al rectángulo de hojaldre y no se despeguen al hornearlo.

Flores de mazapán

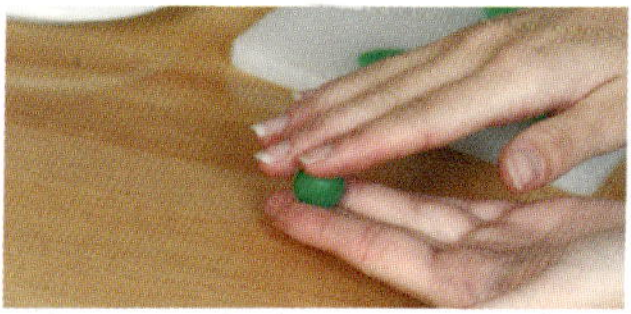

1. Coja un trocito de mazapán con colorante verde y haga una bolita con las manos.

2. Tome otro trocito del mismo tamaño y alárguelo; reserve.

3. Aplaste la bolita hasta darle forma redondeada.

4. Colóquela bajo el trocito de mazapán alargado y dóblela formando un pétalo.

5. Haga algunas bolitas más y repita la misma operación hasta formar la flor.

6. También puede hacer una hoja cortando el mazapán y marcando los nervios con un cuchillo. Si desea que tengan un color especial, añada al mazapán unas gotas de colorante alimentario del tono deseado.

Para las flores de mazapán:

100 g de azúcar glas
100 g de almendras pulverizadas
1 clara de huevo

Añada todos los ingredientes al vaso, programe 15 segundos, velocidad 6. Si desea que los adornos sean de colores, añada unas gotas de colorante alimentario.

Rellenar un bizcocho

1. Una vez frío el bizcocho, sujételo con firmeza y córtelo por la mitad horizontalmente con un cuchillo de sierra.

2. Separe las dos partes del bizcocho y extienda la mermelada sobre la base de éste.

3. Disponga la parte de arriba del bizcocho sobre la base con cuidado de que no se rompa.

Tarta de queso y nueces

Ingredientes

3 claras de huevo
50 g de azúcar
6 yemas de huevo
500 g de crema de queso

Para decorar:

30 g de azúcar glas
200 g de nueces peladas

Modo de preparación

- Ponga la mariposa en las cuchillas, añada las claras y programe 3 minutos, velocidad 3. Un minuto antes de terminar, añada poco a poco el azúcar por el bocal. Retire las claras montadas del vaso y reserve.
- Limpie y seque el vaso, coloque la mariposa en las cuchillas y monte las yemas 3 minutos, velocidad 3. Añada la crema de queso, previamente ablandada y batida, y programe 1 minuto, velocidad 3.
- Sin quitar la mariposa, añada las claras montadas y programe 1 minuto, velocidad 3.
- Coloque la mezcla en un molde desmontable engrasado e introdúzcalo en el horno precalentado a 180 °C durante 55 minutos. Transcurrido el tiempo, apague el horno y deje reposar la tarta dentro hasta que se endurezca. Desmolde la tarta una vez fría, espolvoréela con azúcar glas y decórela con las nueces por encima.

Tarta de melocotón y canela

Ingredientes

Para la masa quebrada:

100 g de azúcar glas
150 g de mantequilla en dados
2 yemas de huevo
300 g de harina
1 cucharadita de sal

Para las natillas:

600 g de leche
6 yemas de huevo
100 g de azúcar
20 g de maicena

Para decorar:

1 lata de melocotón en almíbar
Canela en polvo para espolvorear

Modo de preparación

- Vierta en el vaso el azúcar, la mantequilla y las yemas de huevo, y programe 10 segundos, velocidad 6. Añada la harina y la sal, y de nuevo programe 10 segundos, velocidad 6. Haga una bola con la masa, envuélvala en film transparente y deje reposar en el frigorífico 30 minutos. Después, saque la masa y deje que alcance la temperatura ambiente.
- Estire la masa sobre una superficie lisa espolvoreada con harina y forre con ella un molde con fondo desmontable.
- Pinche la base con un tenedor, cúbrala con papel sulfurizado y eche encima un puñado de legumbres (ver p. 193); introduzca el molde en el horno precalentado a 200 °C durante 15 minutos. Retire el papel y las legumbres, y hornee otros 5 minutos a 180 °C. Retire del horno y deje enfriar.
- Introduzca en el vaso todos los ingredientes de las natillas y programe 7 minutos, temperatura 80 °C, velocidad 4.
- Corte el melocotón previamente escurrido en rodajas gruesas. Rellene la base de la tarta con las natillas, decore con el melocotón y espolvoree con canela por encima.

Tarta de yogur

Ingredientes

4 huevos
130 g de azúcar
1 sobre de levadura
170 g de harina
3 hojas de gelatina
20 g de agua
500 g de nata para montar
1 yogur natural
100 g de azúcar glas

Para decorar:

5 moras
3 fresones

Modo de preparación

- Ponga la mariposa en las cuchillas y preparar el bizcocho introduciendo los huevos y el azúcar en el vaso. Programe 2 minutos, temperatura 40 °C, velocidad 3. Añada la levadura y la harina, y programe 6 segundos, velocidad 3. Extienda la masa en una bandeja de horno engrasada y enharinada hasta obtener un grosor de 0,5 cm. Precaliente el horno a 180 °C y hornee 12 minutos. Deje enfriar el bizcocho, corte un círculo de 18 cm de diámetro y una tira larga que mida de ancho la mitad de la altura del molde. Coloque el círculo en la base de un molde desmontable de 18 cm de diámetro y ponga la tira bordeando las paredes. Reserve.
- Ponga a remojar en agua fría las hojas de gelatina unos minutos y escúrralas. Colóquelas en un cuenco, añada los 20 g de agua e introdúzcalas en el microondas hasta que se deshagan.
- Asegúrese de que el vaso está bien frío, ponga la mariposa en las cuchillas y eche la nata con el yogur en el vaso. Programe 2 minutos, velocidad 3. Compruebe que la nata esté montada; de no ser así, programe unos minutos más. Añada el azúcar glas un minuto an-

tes de terminar. Agregue, sin quitar la mariposa, la gelatina tibia y mezcle unos segundos a velocidad 1.

- Vierta la mezcla en el molde e introdúzcalo en el frigorífico hasta que quede bien firme.
- Lave las moras y los fresones. Quíteles los rabillos a estos últimos y trocéelos.
- Desmolde la tarta y decore con las moras y los fresones por encima.

Delicias de cereza y café

Ingredientes para 4 personas

4 hojas de gelatina
2 sobres de café soluble
1 cucharada de agua
500 g de nata para montar
1 latita de cerezas

Para decorar:

25 g de cacao en polvo
50 g de fresón
Palitos de chocolate

Modo de preparación

- Ponga en agua fría la gelatina para que se ablande. Escúrrala y reserve en un cuenco.
- Disuelva el café en una cucharada de agua y mézclelo con la gelatina. Introduzca el cuenco en el microondas unos segundos para que se mezcle bien.
- Asegúrese de que el vaso está bien frío antes de echar la nata; de no ser así, añada unos cubitos de hielo, tritúrelos 10 segundos a velocidad 5 y deje el hielo unos minutos dentro del vaso.
- Seque bien el vaso, coloque la mariposa en las cuchillas, añada la nata y programe velocidad 3. Compruebe que la nata está montada mirando por el bocal; si no lo está, programe unos minutos más.
- Añada la gelatina y programe 1 minuto, velocidad 3.
- Distribuya las cerezas en moldes individuales, vierta la mezcla sobre ellas y deje enfriar en la nevera hasta que se solidifique. Desmolde las delicias de cereza y café, espolvoréelas con el cacao en polvo y adorne con los palitos y los fresones.

Banda de fresón

Ingredientes

1 lámina de hojaldre congelado
500 g de fresón

Para la crema pastelera:
1 yema de huevo
1 huevo
300 g de leche
50 g de azúcar
15 g de maicena

Para la glasa de fresa:
60 g de mermelada de fresa
30 g de brandy

Modo de preparación

- Estire la lámina de hojaldre sobre una superficie lisa y córtela en tres partes del mismo tamaño (ver p. 194). Reserve el rectángulo central y corte dos tiras de las otras dos partes. Coloque cada tira sobre el rectángulo de hojaldre. Marque las dos tiras con la ayuda de un cuchillo para que se unan al rectángulo y no se despeguen al hornearlo. Precaliente el horno a 220 °C y hornee 10 minutos.
- Lave cuidadosamente los fresones, quíteles el rabillo y pártalos por la mitad.
- Coloque la mariposa en las cuchillas, vierta en el vaso limpio todos los ingredientes de la crema pastelera y programe 7 minutos, temperatura 90 °C, velocidad $1^{1/2}$. Vierta la crema en un cuenco y cúbrala con film transparente.
- Ponga los ingredientes de la glasa en el vaso y programe 30 segundos, velocidad progresiva 5-7-9. A continuación, programe 4 minutos, temperatura 100 °C, velocidad 6.
- Rellene el hojaldre con la crema pastelera, coloque encima los fresones troceados y extienda sobre ellos la glasa con ayuda de una brocha.

Milhojas de merengue

Ingredientes

3 láminas de hojaldre congelado

Para el merengue:

5 claras de huevo

Unas gotas de zumo de limón

1 pizca de sal

200 g de azúcar glas

Para decorar:

Azúcar glas

Canela en polvo

Modo de preparación

- Estire la masa de hojaldre con ayuda de un rodillo, precaliente el horno a 220 °C y hornee durante 10 minutos. Dé la vuelta al hojaldre y hornéelo 3 minutos más.
- Limpie y seque el vaso, ponga la mariposa en las cuchillas, eche las claras, unas gotas de limón y un pellizco de sal, y programe 5 minutos, velocidad 3. Un minuto antes de terminar añada el azúcar glas poco a poco.
- Coloque una lámina de hojaldre sobre una fuente, encima extienda una capa de merengue y repita la misma operación terminando con una capa de hojaldre.
- Para terminar, espolvoree el milhojas con azúcar glas y canela.

Milhojas de frambuesa

Ingredientes

3 láminas de hojaldre congelado

Para la crema pastelera:

2 yemas de huevo

2 huevos

600 g de leche

100 g de azúcar

30 g de maicena

200 g de frambuesas

Para decorar:

Azúcar glas

Canela en polvo

50 g de grosellas

Modo de preparación

- Estire las 3 láminas de hojaldre con la ayuda de un rodillo. Precaliente el horno a 220 °C y hornee durante 10 minutos. Dé la vuelta al hojaldre y hornéelo 3 minutos más.
- Ponga la mariposa en las cuchillas, vierta en el vaso limpio todos los ingredientes de la crema pastelera excepto las frambuesas y programe 7 minutos, temperatura 90 °C, velocidad $1^{1/2}$. Transcurrido el tiempo deje templar la crema y, a continuación, programe 2 minutos, velocidad $1^{1/2}$. Retire la mariposa de las cuchillas, añada las frambuesas y programe 1 minuto, giro a la izquierda, velocidad cuchara. Vierta la crema en un cuenco y cúbrala con film transparente.
- Coloque una lámina de hojaldre sobre una fuente, encima extienda una capa de la crema y repita la misma operación terminando con una capa de hojaldre.
- Espolvoree el milhojas con azúcar glas y canela, y decore con las grosellas.

Hojaldre de pera

Ingredientes

1 lámina de hojaldre congelado
1 lata de 500 g de pera en almíbar

Para la crema pastelera:
2 yemas de huevo
2 huevos
600 g de leche
100 g de azúcar
30 g de maicena
30 g de vino moscatel

Modo de preparación

- Saque las peras de la lata, córtelas por la mitad y deje una para laminarla. Escurra y reserve.
- Estire una lámina de hojaldre sobre una superficie lisa y córtela en tres partes del mismo tamaño (ver p. 194). Reserve el rectángulo central y corte dos tiras de las otras dos partes. Coloque cada tira sobre el rectángulo de hojaldre. Marque las dos tiras con la ayuda de un cuchillo para que se unan al rectángulo de hojaldre y no se despeguen al hornearlo. Precaliente el horno a 220 °C y hornee durante 10 minutos.
- Ponga la mariposa en las cuchillas, vierta en el vaso limpio todos los ingredientes de la crema pastelera y programe 7 minutos, temperatura 90 °C, velocidad $1^{1/2}$. Transcurrido el tiempo, programe 2 minutos, velocidad $1^{1/2}$. Vierta la crema en un cuenco y cúbrala con film transparente.
- Rellene el hojaldre con la crema y añada por encima las mitades de pera bien escurridas. Decore con las láminas de pera.

Milhojas de frutas rojas

Ingredientes

2 láminas de hojaldre congelado

Para la crema pastelera:

2 yemas de huevo
2 huevos
600 g de leche
100 g de azúcar
30 g de maicena
200 g de frutas rojas variadas

Para decorar:

Azúcar glas
50 g de frutas rojas variadas

Modo de preparación

- Lave las frutas rojas, séquelas con papel absorbente y reserve.
- Estire la masa de hojaldre formando dos rectángulos, precaliente el horno a 220 °C y hornee durante 10 minutos. Dé la vuelta al hojaldre y hornéelo 3 minutos más.
- Ponga la mariposa en las cuchillas, vierta en el vaso limpio todos los ingredientes de la crema pastelera excepto las frutas rojas y programe 7 minutos, temperatura 90 °C, velocidad $1^{1/2}$. Transcurrido el tiempo deje templar la crema y, a continuación, programe 2 minutos, velocidad $1^{1/2}$. Retire la mariposa de las cuchillas, añada las frutas rojas y programe 1 minuto, giro a la izquierda, velocidad cuchara. Vierta la crema en un cuenco y cúbrala con film transparente.
- Monte el milhojas poniendo una capa de hojaldre, encima el relleno y termine con otra capa de hojaldre.
- Decore espolvoreando azúcar glas y adornándolo con frutas rojas.

Hojaldre templado de manzana

Ingredientes

1 lámina de hojaldre congelado

Para el relleno:

3 manzanas reineta

50 g de mantequilla

Canela en polvo

50 g de azúcar

Para la glasa de melocotón:

60 g de mermelada de melocotón

30 g de brandy

Para decorar:

1 racimo de grosellas

Modo de preparación

- Pele las manzanas, descorazónelas y trocéelas.
- Eche en el vaso los ingredientes para el relleno y trocee 6 segundos, velocidad 4. Después programe 20 minutos, giro a la izquierda, temperatura 100 °C, velocidad cuchara. Retire la mezcla del vaso y reserve.
- Lave y seque el vaso, introduzca los ingredientes para la glasa y programe 30 segundos, velocidad progresiva 5-7-9. A continuación, programe 4 minutos, temperatura 100 °C, velocidad 6. Retire la mezcla del vaso y reserve.
- Estire la masa con un rodillo, ponga el relleno en el centro, cúbralo con un lado del hojaldre y ciérrelo con el otro. Dé unos cortes, con un cuchillo, para que no se abra. Colóquelo sobre una bandeja de horno engrasada, precaliente el horno a 180 °C y hornee 20 minutos. Compruebe que la masa está lista; de no ser así, hornee hasta que se dore.
- Transcurrido el tiempo impregne la parte superior del hojaldre con la glasa preparada ayudándose de una brocha; sírvalo templado y decórelo con las grosellas.

Hojaldre de nata y mango

Ingredientes

2 láminas de hojaldre congelado

Para el relleno:

600 g de nata para montar

150 g de azúcar glas

2 mangos

Para decorar:

Canela en polvo

Modo de preparación

- Estire el hojaldre con la ayuda de un rodillo, precaliente el horno a 220 °C y hornee durante 10 minutos. Dé la vuelta al hojaldre y hornéelo 3 minutos más.
- Asegúrese de que el vaso está bien frío antes de echar la nata, coloque la mariposa en las cuchillas, añada la nata y programe 2 minutos, velocidad 3. Compruebe que está montada mirando por el bocal; de no ser así, programe unos segundos más. Un minuto antes de que termine, añada el azúcar glas por el bocal. Introduzca la nata montada en una manga pastelera con boquilla rizada y resérvela en el frigorífico hasta que la utilice.
- Pele los mangos, ábralos por la mitad y quíteles el hueso. Córtelos en rodajas, colóquelos sobre papel absorbente para eliminar el exceso de jugo y reserve.
- Disponga sobre una bandeja una capa de hojaldre, una de nata montada, encima un poco de mango, otra capa de hojaldre y termine con una capa de nata montada espolvoreada con canela.

e hojaldre con frutas rojas

dientes

ojaldre
gelado
batido

Para la mermelada:

500 g de frutas rojas
1 limón pelado y despepitado
500 g de azúcar

Para la glasa de fresa:

60 g de mermelada de fresa
130 g de brandy

Para decorar:

100 g de frutas rojas
1 lápiz pastelero sabor chocolate

Modo de preparación

- Estire la masa de hojaldre y corte un círculo del tamaño del molde que vaya a utilizar. Colóquelo en el molde, previamente engrasado y enharinado. Estire el hojaldre sobrante y corte tiras con la ayuda de un cortapastas. Coloque las tiras sobre el hojaldre del molde formando rombos y pincélelas con el huevo batido. Precaliente el horno a 180 °C y hornee durante 20 minutos. Deje enfriar y reserve.
- Vierta en el vaso los ingredientes de la mermelada y programe 15 segundos, velocidad 6. A continuación, programe 30 minutos, temperatura 100 °C, velocidad 1. Retire del vaso y reserve.
- Sin limpiar el vaso, eche los ingredientes de la glasa y programe 30 segundos, velocidad progresiva 5-7-9. A continuación, programe 4 minutos, temperatura 100 °C, velocidad 6.
- Rellene la celosía con la mermelada introduciéndola cuidadosamente entre los huecos. A continuación, distribuya la glasa por encima usando una brocha.
- Si lo desea, decore con las frutas rojas y con un lápiz pastelero sabor chocolate.

Milhojas de nata y crema

Ingredientes

3 láminas de hojaldre congelado
300 g de nata para montar
40 g de azúcar glas

Para la crema pastelera:

1 yema de huevo
1 huevo
300 g de leche
50 g de azúcar
15 g de maicena
1 vaina de vainilla abierta

Para decorar:

2 flores de azúcar
1 lápiz pastelero sabor chocolate

Modo de preparación

- Estire el hojaldre con un rodillo, corte tres rectángulos de igual tamaño y póngalos por separado en una bandeja de horno engrasada. Precaliente el horno a 220 °C y hornee 10 minutos. Dé la vuelta al hojaldre y hornee 3 minutos más. Reserve.
- Asegúrese de que el vaso está bien frío. Coloque la mariposa en las cuchillas, añada la nata y programe 2 minutos, velocidad 3. Compruebe que la nata está montada, de no ser así, programe unos minutos más. Un minuto antes de terminar, añada el azúcar glas.
- Limpie el vaso, ponga la mariposa en las cuchillas y vierta todos los ingredientes de la crema pastelera; programe 7 minutos, temperatura 90 °C, velocidad $1^{1/2}$. Transcurrido el tiempo, programe 2 minutos más, velocidad $1^{1/2}$. Vierta la crema en un cuenco y cubra con film transparente. Antes de rellenar el milhojas, retire la vainilla.
- Disponga una capa de hojaldre sobre una fuente y extienda la crema por encima; ponga otra lámina sobre ésta, extienda la nata y termine con la última lámina de hojaldre. Decore con flores de mazapán y con un lápiz pastelero.

Milhojas de plátano

Ingredientes

2 plátanos
El zumo de 1/2 limón
3 láminas de hojaldre congelado

Para la crema pastelera:

12 yemas de huevo
2 huevos
600 g de leche
100 g de azúcar
30 g de maicena
30 g de licor de plátano

Para la cobertura:

25 g de agua
25 g de mantequilla troceada
250 g de chocolate (70% de cacao)

Para decorar:

1 lápiz pastelero sabor vainilla

Modo de preparación

- Parta los plátanos en láminas, rocíe con el zumo de limón para que no se ennegrezcan, y reserve.
- Ponga la mariposa en las cuchillas, vierta en el vaso limpio todos los ingredientes de la crema pastelera y programe 7 minutos, temperatura 90 °C, velocidad $1^{1/2}$. Transcurrido el tiempo, programe 2 minutos, velocidad $1^{1/2}$. Vierta la crema en un cuenco y cúbrala con film transparente. Reserve.
- Estire el hojaldre con la ayuda de un rodillo, precaliente el horno a 220 °C y hornee durante 10 minutos. Dé la vuelta al hojaldre y hornéelo 3 minutos más.
- Coloque una lámina de hojaldre sobre una fuente, extienda una capa de crema, encima un poco de plátano laminado y repita la misma operación terminando con una capa de hojaldre.
- Limpie y seque el vaso. Para preparar la cobertura eche el agua y la mantequilla y programe 3 minutos, temperatura 70 °C, velocidad 1. Después añada el chocolate troceado, deje deshacer unos segundos y programe 1 minuto, velocidad 8. Extiéndalo antes de que se enfríe y decore con el lápiz.

PLÁTANO

Bizcocho de frutas confitadas

Ingredientes

130 g de azúcar
4 huevos
Ralladura de naranja
130 g de mantequilla ablandada
130 g de harina
1 sobre de levadura
150 g de frutas confitadas

Modo de preparación

- Eche el azúcar al vaso y programe 30 segundos, velocidad progresiva 5-7-9. Remueva el fondo y las paredes con la ayuda de la espátula.
- Añada al vaso los huevos y la ralladura de naranja, y programe 2 minutos, temperatura 40 °C, velocidad 3. Agregue la mantequilla y programe 30 segundos, velocidad 3. Por último, eche la harina mezclada con la levadura y programe 10 segundos, velocidad 3.
- Engrase un molde con mantequilla, espolvoréelo con harina y vierta la mezcla. Enharine la mitad de la fruta confitada antes de agregarla a la masa para que no se vaya al fondo y distribúyala por encima. Precaliente el horno a 180 °C y hornee el bizcocho durante 30 a 35 minutos. Compruebe que el bizcocho está listo introduciendo una aguja en el centro; si sale limpia, estará en su punto. De no ser así, hornéelo unos minutos más vigilando que no se queme.
- Decore el bizcocho esparciendo el resto de las frutas confitadas por encima.

Bizcocho de quesitos

Ingredientes

Para el bizcocho:

4 claras de huevo
4 yemas de huevo
1 yogur natural
110 g de aceite de oliva
220 g de azúcar
3 quesitos
220 g de harina
1 sobre de levadura

Para decorar:

Azúcar glas

Modo de preparación

- Coloque la mariposa en las cuchillas, eche las claras al vaso y programe 4 minutos, velocidad 3. Cuando las claras estén montadas retírelas y reserve.
- Limpie, seque el vaso y retire la mariposa; a continuación, introduzca el resto de los ingredientes excepto la harina y la levadura, y programe 3 minutos, velocidad 3.
- Añada la harina mezclada con la levadura y programe 12 segundos, velocidad 3.
- Retire del vaso la mezcla, póngala en un cuenco, añada las claras montadas reservadas y remueva de abajo hacia arriba hasta que queden totalmente integradas.
- Engrase un molde con mantequilla y espolvoréelo con harina, vierta la masa y hornee, con el horno precalentado a 180 °C, durante 35 minutos. Compruebe que el bizcocho está hecho introduciendo una aguja en el centro; si sale limpia, estará en su punto. De no ser así, hornéelo unos minutos más vigilando que no se queme.
- Decore el bizcocho espolvoreándolo con azúcar glas.

Bizcocho de frutos secos

Ingredientes

100 g de almendras crudas
100 g de nueces peladas
50 g de piñones
200 g de azúcar glas
6 huevos
50 g de mantequilla ablandada
50 g de harina
1 cucharada de levadura

Modo de preparación

- Introduzca en el vaso los frutos secos, dé 4 golpes de turbo y programe 30 segundos, velocidad progresiva 5-7-9. Compruebe que los frutos secos estén triturados; de no ser así, programe unos segundos más.
- Añada el resto de los ingredientes excepto la harina y la levadura, y programe 30 segundos, velocidad 6.
- Agregue la harina mezclada con la levadura y programe 7 segundos, velocidad 4.
- Engrase un molde de 23 cm de diámetro, espolvoréelo con harina, vierta el contenido del vaso y métalo en el horno precalentado a 180 °C durante 30 minutos. Compruebe si ha terminado la cocción introduciendo una aguja en el centro; de no ser así, hornee unos minutos más vigilando que no se queme.
- Retire el bizcocho del horno, déjelo enfriar y decórelo al gusto.

Bizcocho borracho

Ingredientes

200 g de azúcar
3 huevos
100 g de aceite de oliva
1 yogur natural
130 g de harina
1 sobre de levadura

Para el almíbar:

90 g de azúcar
50 g de Cointreau
100 g de agua

Para decorar:

500 g de nata para montar
100 g de fresones
100 g de kiwis
1 latita de guindas rojas
1 mora

Modo de preparación

- Eche en el vaso el azúcar y los huevos, y programe 50 segundos, temperatura 40 °C, velocidad 3. Vierta el aceite y el yogur, y programe 20 segundos, velocidad 3. Agregue la harina mezclada con la levadura y programe 5 segundos, velocidad 3.
- Engrase y enharine un molde de corona, vierta la mezcla preparada e introdúzcalo en el horno precalentado a 180 °C durante 35 minutos. Transcurrido el tiempo compruebe que está listo introduciendo una aguja; si sale limpia, estará en su punto. De no ser así, manténgalo unos minutos más. Deje enfriar, desmolde y reserve.
- Limpie y seque el vaso, prepare el almíbar echando los ingredientes en el vaso y programe 3 minutos, temperatura 100 °C, velocidad 3. Reserve.
- Limpie el vaso, eche unos cubitos de hielo y tritúrelos 10 segundos, velocidad 6. Deje el hielo en el vaso unos minutos para que se enfríe, deséchelo y proceda a montar la nata con el vaso y las cuchillas perfectamente secos. Coloque la mariposa en las cuchillas y monte la nata a velocidad 3. Mire por el bocal

para saber si está montada; de no ser así, programe unos minutos más.

- Lave los fresones, quitándoles el rabillo. Pele los kiwis y lamínelos junto con los fresones.
- Rocíe el bizcocho con el almíbar y decore con la nata, las frutas laminadas, las guindas y una mora en el centro.

Bizcocho de yogur

Ingredientes

Para el bizcocho:

4 claras de huevo
4 yemas de huevo
1 yogur natural
110 g de aceite de oliva
220 g de azúcar
220 g de harina
1 sobre de levadura
Mantequilla

Para decorar:

Azúcar glas
1 latita de guindas

Modo de preparación

- Coloque la mariposa en las cuchillas, eche las claras en el vaso y programe 3 minutos, velocidad 3. Cuando las claras estén montadas retírelas del vaso y reserve.
- Eche en el vaso el resto de los ingredientes del bizcocho excepto la harina, la levadura y las claras, y programe 3 minutos, velocidad 3.
- Añada la harina mezclada con la levadura y programe 12 segundos, velocidad 3.
- Saque del vaso la mezcla, dispóngala en un cuenco, añada las claras montadas y remueva de abajo hacia arriba hasta que queden totalmente integradas.
- Engrase un molde con mantequilla y espolvoréelo con harina, vierta la masa y hornee 35 minutos con el horno precalentado a 180 °C. Compruebe que el bizcocho está listo introduciendo una aguja en el centro; si sale limpia, estará en su punto. De no ser así, hornéelo unos minutos más vigilando que no se queme.
- Decore el bizcocho con azúcar glas y unas guindas.

Bizcocho al aroma de naranja

Ingredientes

Para el bizcocho:

- *6 claras de huevo*
- *6 yemas de huevo*
- *250 g de azúcar*
- *Ralladura de 2 naranjas*
- *150 g de mantequilla*
- *250 g de harina*
- *1 sobre de levadura*

Para la glasa de naranja:

- *La piel de 1 naranja*
- *60 g de mermelada de naranja*
- *30 g de whisky*

Para decorar:

- *30 g de naranja confitada en tiras*

Modo de preparación

- Pele una naranja el día anterior y dejar secar la piel.
- Monte las claras a punto de nieve poniendo la mariposa en las cuchillas y programando 6 minutos, velocidad 3. Reserve.
- Limpie y seque el vaso. Eche las yemas, el azúcar y la ralladura de naranja. Programe 1 minuto, temperatura 50 °C, velocidad 3. Agregue la mantequilla ablandada y la harina mezclada con la levadura, y programe 6 segundos, velocidad 3.
- Vierta la mezcla en un cuenco, añada las claras montadas e incorpórelas con la espátula moviéndola de abajo hacia arriba. Vierta la mezcla en un molde engrasado y enharinado.
- Introduzca la piel de naranja en el vaso limpio y programe 30 segundos, velocidad progresiva 5-7-9. A continuación, añada el resto de los ingredientes de la glasa y programe 30 segundos, velocidad progresiva 5-7-9. Transcurrido el tiempo programe 4 minutos, temperatura 100 °C, velocidad 6.
- Precaliente el horno a 180 °C y hornee el bizcocho 35 minutos. Transcurrido

el tiempo compruebe el punto de cocción introduciendo una aguja en el centro; si sale limpia, estará listo. De no ser así, hornéelo unos minutos más.

- Extienda la glasa con una brocha y decore con la naranja confitada en tiras.

Bizcocho con mermelada de melocotón

Ingredientes

Para el bizcocho:

130 g de azúcar glas
4 huevos
130 g de mantequilla
130 g de harina
1 sobre de levadura
100 g de cacao en polvo

Para la mermelada:

1 limón pelado y sin pepitas
250 g de melocotones pelados y troceados
250 g de azúcar

Para decorar:

1 lata de 500 g de melocotón en almíbar
Cacao en polvo para espolvorear

Modo de preparación

- Eche en el vaso el azúcar glas y los huevos, y programe 2 minutos, temperatura 40 °C, velocidad 3. Añada la mantequilla y programe 35 segundos, velocidad 3. A continuación, agregue la harina mezclada con la levadura, y programe 15 segundos, velocidad 3.
- Engrase y enharine un molde, vierta la mezcla y métalo 35 minutos en el horno precalentado a 180 °C. Compruebe que el bizcocho está hecho introduciendo una aguja en el centro; si sale limpia, estará en su punto. De no ser así, hornéelo unos minutos más vigilando que no se queme. Déjelo enfriar antes de desmoldarlo sobre una rejilla.
- Lave y seque el vaso. Vierta los ingredientes de la mermelada; programe 15 segundos, velocidad 6. A continuación, programe 30 minutos, temperatura 100 °C, velocidad 1.
- Deje enfriar la mermelada antes de rellenar el bizcocho. Escurra bien el melocotón en almíbar y cortelo en láminas. Reserve.
- Abra el bizcocho longitudinalmente con la ayuda de un cuchillo de sierra y extienda la mermelada sobre la base

del bizcocho. Cubra la mermelada con la mitad de las láminas de melocotón reservadas y tápelo con la parte de arriba del bizcocho. Espolvoree con cacao en polvo y decore con el resto de las láminas de melocotón en almíbar.

Bizcocho de avellanas y nueces

Ingredientes

Para el bizcocho:

75 g de avellanas peladas
75 g de nueces peladas
130 g de azúcar glas
La cáscara de 1 limón
3 huevos
130 g de mantequilla
130 g de harina
2 cucharaditas de levadura
1 pizca de sal

Para la glasa:

60 g de mermelada de albaricoque
30 g de brandy

Para decorar:

2 cucuruchos de chocolate

Modo de preparación

- Eche las avellanas y las nueces en el vaso, dé unos cuantos golpes de turbo y tritúrelas 2 minutos a velocidad progresiva 5-7-9. Saque los frutos secos del vaso.
- Introduzca en el vaso sin lavar el azúcar y la cáscara de limón, y programe unos segundos, velocidad progresiva 5-7-9. Añada los huevos y programe 2 minutos, temperatura 40 °C, velocidad 3. Agregue la mantequilla y programe 30 segundos, velocidad 3. Añada las avellanas y las nueces, reservando unas poquitas para la decoración final. Agregue la harina, mezclada con la levadura y la sal, y programe 10 segundos, velocidad 3.
- Limpie y seque el vaso, ponga los ingredientes de la glasa y programe 30 segundos, velocidad progresiva 5-7-9. A continuación, programe 4 minutos, temperatura 100 °C, velocidad 6.
- Engrase un molde con mantequilla, espolvoréelo con harina y vierta la mezcla. Precaliente el horno a 180 °C y hornee 35 minutos. Compruebe que el bizcocho está hecho introduciendo una aguja en el centro; si sale limpia, esta-

rá en su punto. De no ser así, hornéelo unos minutos más vigilando que no se queme.

- Extienda la glasa sobre el bizcocho con ayuda de una brocha, y decore con las avellanas y nueces picadas reservadas y los cucuruchos de chocolate.

Bizcocho al cacao

Ingredientes

Para el bizcocho:

220 g de azúcar glas
4 huevos
110 g de aceite de oliva
1 yogur natural
220 g de harina
1 sobre de levadura
100 g de cacao en polvo

Para las trufas:

100 g de nata
150 g de chocolate amargo
150 g de chocolate con leche
50 g de whisky
100 g de cacao en polvo

Modo de preparación

- Eche en el vaso el azúcar glas y los huevos, y programe 2 minutos, temperatura 40 °C, velocidad 3. Añada el aceite y el yogur, y programe 30 segundos, velocidad 3. Incorpore la harina mezclada con la levadura y el cacao, y programe 10 segundos, velocidad 3.
- Vierta la mezcla en un molde engrasado y espolvoreado con harina, precaliente el horno a 180 °C y hornee durante 35 minutos. Compruebe que el bizcocho está hecho introduciendo una aguja en el centro; si sale limpia, estará en su punto. De no ser así, hornéelo unos minutos más vigilando que no se queme. Reserve.
- Limpie, seque el vaso y vierta la nata. Programe 4 minutos, temperatura 100 °C, velocidad 2. Incorpore los chocolates troceados y programe velocidad 9. Compruebe que está todo triturado mirando por el bocal. Vierta el whisky y programe unos segundos a velocidad 6.
- Meta la mezcla de chocolate en el congelador unos minutos. Una vez que se haya endurecido, sáquela y forme bolitas. Espolvoree el bizcocho con cacao y decórelo con las trufas.

Dulce de manzana

Ingredientes para 4 personas

600 g de manzanas reineta
1 limón
500 g de azúcar
100 g de sidra natural

Modo de preparación

- Trocee las manzanas y deseche las pepitas. Pele el limón quitando la parte blanca y despepítelo.
- Introduzca todos los ingredientes en el vaso y programe 30 segundos a velocidad progresiva 5-7-9.
- Si fuera necesario, baje con la espátula lo que se haya adherido a las paredes del vaso.
- A continuación, programe 30 minutos, temperatura 100 °C, velocidad 5.
- Transcurrido el tiempo, vierta el contenido del vaso en un recipiente y déjelo enfriar.
- Cuando esté frío, córtelo y colóquelo en una fuente antes de servir.
- Decórelo al gusto.

Cremoso con queso y fresón

Ingredientes para 4 personas

- *1 lámina de hojaldre congelado*
- *500 g de nata para montar*
- *300 g de crema de queso*
- *50 g de azúcar glas*

Para decorar:

- *400 g de fresones*
- *100 g de nueces peladas*
- *1 racimo de grosellas*

Modo de preparación

- Estire el hojaldre con ayuda de un rodillo, corte discos de hojaldre sirviéndose de un molde y colóquelos sobre una bandeja de horno engrasada y espolvoreada con harina. Precaliente el horno a 220 °C y hornee 10 minutos. Dé la vuelta al hojaldre y hornéelo 3 minutos más.
- Asegúrese de que el vaso está bien frío antes de echar la nata; de no ser así, añada unos cubitos de hielo, tritúrelos durante 10 segundos, velocidad 5, y deje el hielo durante unos minutos dentro del vaso.
- Seque bien el vaso, coloque la mariposa en las cuchillas, añada la nata, la crema de queso previamente batida y el azúcar, y programe 6 minutos, velocidad 3. Compruebe que la nata está montada mirando por el bocal; de no ser así, programe unos minutos más.
- Vierta la crema en una manga pastelera de boquilla estriada y distribúyala sobre cada disco de hojaldre.
- Lave los fresones desechando los rabillos, pártalos por la mitad y añádalos a modo de decoración junto con las nueces y las grosellas.

Bolitas de mazapán y coco

Ingredientes para 4 personas

Para el mazapán:

200 g de azúcar

200 g de almendras

1 clara de huevo

Para la cobertura:

100 g de coco rallado

Modo de preparación

- Eche en el vaso el azúcar y programe 30 segundos, velocidad progresiva 5-7-9. Añada las almendras, dé unos cuantos golpes de turbo, baje de las paredes los posibles restos con ayuda de la espátula y programe 10 segundos, velocidad progresiva 5-7-9. Agregue la clara y programe 20 segundos, velocidad 6. Retire la mezcla del vaso y forme bolitas del tamaño deseado.
- Por último, reboce las bolitas en el coco rallado presionando ligeramente con las manos.

Croquetas de manzana

Ingredientes para 4 personas

200 g de manzana reineta
30 g de cebolla
50 g de aceite de oliva
100 g de margarina
170 g de harina
800 g de leche
200 g de azúcar

Para el rebozado:

50 g de harina
1 huevo
50 g de pan rallado

Modo de preparación

- Corte las manzanas sin quitarles la piel y colóquelas en el vaso. Programe 6 segundos a velocidad $3^{1/2}$. Retire del vaso y reserve.
- Introduzca en el vaso el aceite, la margarina y la cebolla y programe 3 minutos, temperatura 100 °C, velocidad 5.
- Transcurrido el tiempo, añada la harina y programe 2 minutos, temperatura 90 °C, velocidad 4.
- Incorpore la leche y mezcle 10 segundos a velocidad 8 para que quede todo con una textura homogénea.
- Programe 7 minutos, temperatura 90 °C, velocidad $2^{1/2}$ y añada la manzana reservada y el azúcar por el bocal.
- Cuando pare la máquina, deje reposar unos segundos.
- Haga unas bolitas en forma de manzana con la masa y páselas primero por harina, luego por huevo y por último por pan rallado. En una sartén con abundante aceite de oliva caliente, fría las bolitas de manzana hasta que se doren.
- Si lo desea puede colocar un poco de cebollino para decorar.

Bavaroise de queso y cava

Ingredientes para 4 personas

4 hojas de gelatina
30 g de cava
400 g de nata para montar
150 g de crema de queso
100 g de azúcar glas

Para decorar:

50 g de frutas rojas
Figuritas de chocolate
1 racimo de grosellas

Modo de preparación

- Ponga en remojo en agua fría la gelatina unos minutos para que se reblandezca. Escúrrala y mézclela con el cava. Introdúzcala unos segundos en el microondas para que se deshaga la gelatina y reserve.
- Asegúrese de que el vaso está bien frío antes de echar la nata; de no ser así, añada unos cubitos de hielo, tritúrelos durante 10 segundos, velocidad 5 y deje el hielo durante unos minutos dentro del vaso.
- Seque bien el vaso, coloque la mariposa en las cuchillas, añada la nata, la crema de queso, previamente batida, y el azúcar; programe velocidad 3. Compruebe que la nata está montada mirando por el bocal; de no ser así, programe unos minutos más.
- Añada la gelatina tibia y programe 2 minutos, velocidad 3. Introduzca la mezcla en moldes de silicona redondos y póngalos a enfriar en el frigorífico.
- Desmolde y decórelos con las frutas rojas y las figuritas de chocolate (ver p. 192).

Natillas con frutas confitadas

Ingredientes para 4 personas

6 yemas de huevo
130 g de azúcar
600 g de leche
La cáscara de 1 limón
125 g de frutas confitadas
Canela en polvo

Modo de preparación

- Ponga la mariposa en las cuchillas e introduzca en el vaso todos los ingredientes menos las frutas confitadas. Programe 7 minutos, temperatura 85 °C, velocidad $1^{1/2}$.
- Si transcurrido el tiempo las natillas tienen una especie de espuma por encima, programe 2 minutos más, temperatura 90 °C, velocidad $1^{1/2}$.
- Añada las frutas confitadas, programe unos segundos, velocidad $1^{1/2}$ y retire la cáscara de limón.
- Vierta las natillas en recipientes individuales y déjelas enfriar en la nevera.
- Decore con canela en polvo espolvoreada por encima.

Crepes rellenas de crema de avellana

Ingredientes para 4 personas

Para las crepes:

2 huevos
600 g de leche
25 g de mantequilla derretida
100 g de harina
1 pizca de sal
35 g de azúcar

Para cocinar las crepes:

25 g de mantequilla

Para la crema de avellanas:

250 g de avellanas crudas peladas
2 yemas de huevo
2 huevos
600 g de leche
130 g de azúcar
30 g de maicena

Para decorar:

Azúcar glas

Modo de preparación

- Introduzca todos los ingredientes para hacer las crepes en el vaso y programe 15 segundos, velocidad 6.
- Unte ligeramente una sartén pequeña con mantequilla, vierta 2 cucharadas del preparado y mueva la sartén para que cubra todo el fondo. Deje que cuaje y vuelva la crepe rápidamente para que se dore un poco por el lado contrario. Retire la crepe sobre una superficie lisa y siga el mismo proceso hasta terminar la masa preparada.
- Limpie y seque bien el vaso y pulverice las avellanas 15 segundos, velocidad progresiva 5-7-9. Ponga la mariposa en las cuchillas, vierta en el vaso el resto de los ingredientes de la crema de avellanas y programe 7 minutos, temperatura 90 °C, velocidad $1^{1/2}$. Transcurrido el tiempo, programe 2 minutos, velocidad $1^{1/2}$. Vierta la crema en un cuenco y cúbrala con film transparente.
- Coloque una crepe en un plato, vierta un poco de crema de avellanas en el centro y enróllela sobre sí misma. Repita la misma operación con el resto de las crepes y espolvoréelas con azúcar glas.

Arroz con leche anisado

Ingredientes para 4 personas

1 1/2 l de leche entera
200 g de arroz
La piel de 1 naranja
La piel de 1 limón
1 palito de canela
1 pellizco de sal
150 g de azúcar
100 g de aguardiente de anís
25 g de anís

Modo de preparación

- Coloque la mariposa en las cuchillas y vierta en el vaso todos los ingredientes excepto el azúcar.
- Programe 40 minutos, temperatura 90 °C, velocidad 1.
- A continuación añada el azúcar y programe 2 minutos a la misma temperatura y velocidad.
- Vierta el arroz con leche en recipientes individuales, espolvoree con canela y si lo desea decore con unas estrellas de anís.
- Este arroz con leche resulta muy agradable por su exquisito sabor y aroma anisado.

Granizado de granadina con menta y angostura

Ingredientes para 4 personas

1 cubilete de granadina
1 cucharadita de angostura
200 g de azúcar
1 ramillete de menta
500 g de agua
500 g de hielo

Modo de preparación

- Vierta el azúcar en el vaso y programe 20 segundos a velocidad progresiva 5-7-9.
- Añada las hojas de menta y programe 20 segundos más.
- Agregue los cubitos de hielo, el agua, la granadina y la angostura y programe 30 segundos a velocidad 5.
- Sirva el granizado en el momento para que el hielo no se deshaga y decore con unas hojitas de menta.

Churros a la madrileña con canela

Ingredientes para 4 personas

300 g de leche
3 cucharaditas de sal
250 g de harina
2 huevos
1 cucharadita de azúcar
1 cucharadita de canela en polvo

Modo de preparación

- Vierta en el vaso la leche, la sal, el azúcar y la canela y programe 5 minutos, temperatura 100 °C, velocidad 1.
- Añada la harina de una sola vez y programe 15 segundos a velocidad 4.
- Deje templar la masa durante 5 minutos aproximadamente retirando el vaso de la peana.
- Bata los huevos ligeramente en un recipiente.
- Ponga el vaso nuevamente en la máquina, programe velocidad 4 y añada los huevos batidos poco a poco.
- Introduzca la masa resultante en una manga pastelera y deje reposar unos minutos.
- Forme los churros sobre un papel engrasado con aceite y vuélquelos en una sartén con aceite muy caliente hasta que se doren.
- Retire de la sartén y colóquelos sobre una servilleta absorbente para eliminar el exceso de aceite.
- Sírvalos espolvoreados con canela y azúcar.

Flan de arroz con leche

Ingredientes para 4 personas

Para caramelizar la flanera:

50 g de azúcar

Unas gotas de limón

Para el vaso:

200 g de azúcar

100 g de arroz

Ralladura de limón

3 huevos

600 g de leche

Para decorar:

1 latita de guindas en conserva

Modo de preparación

- Ponga al fuego una flanera con 50 g de azúcar y unas gotas de limón. Cuando el azúcar comience a coger color, aparte la flanera del fuego y, con ayuda de una manopla, muévala en todos los sentidos para que se extienda bien el caramelo por el fondo y las paredes. Reserve.
- Vierta en el vaso el azúcar y programe 30 segundos velocidad progresiva 5-7-9. A continuación, añada el arroz y pulverícelo a la misma velocidad que el azúcar durante 30 segundos más y añada la ralladura de limón.
- Agregue los huevos y la leche, y programe 12 minutos, temperatura 100 °C, velocidad 5. Para que cuaje bien, introduzca de vez en cuando por el bocal la espátula y remueva.
- A continuación, deposite la crema en la flanera caramelizada y déjela enfriar a temperatura ambiente.
- Introduzca el flan en la nevera antes de desmoldar. Cuando esté bien cuajado, desmóldelo y decórelo con unas guindas bien escurridas.

Nata con fresas y nueces

Ingredientes para 4 personas

500 g de nata líquida
300 g de fresas o fresón
150 g de azúcar glas
200 g de nueces peladas

Modo de preparación

- Asegúrese de que la máquina y la nata estén muy frías antes de montar ésta. Si no ha enfriado antes la máquina, triture hielo y deséchelo.
- Ponga la mariposa en las cuchillas. Eche la nata líquida dentro del vaso y programe 90 segundos a velocidad 3.
- Transcurrido el tiempo compruebe que la nata está montada, de no ser así programe unos segundos más hasta que se monte.
- A continuación añada las fresas, bien lavadas, secas y troceadas, y el azúcar y mezcle unos segundos más a velocidad 3.
- Vierta la mezcla resultante en copas de helado individuales y esparza las nueces por encima.
- Puede adornar las copas colocando algunas fresas sobre la nata.

Gelatina de fresón

Ingredientes para 4 personas

6 hojas de gelatina
500 g de fresones
100 g de azúcar
500 g de agua

Para decorar:

70 g de grosellas
40 g de chocolate rallado

Modo de preparación

- Reblandezca las hojas de gelatina en agua fría durante unos minutos.
- Introduzca en el vaso los fresones y programe 15 segundos, velocidad 5. Añada el azúcar y el agua, y programe 20 minutos, temperatura 100 °C, velocidad 1. Un minuto antes de terminar, añada las hojas escurridas por el bocal.
- Vierta la gelatina en moldes y déjela enfriar en la nevera.
- Desmolde la gelatina y decórela con las grosellas y el chocolate rallado.

Pudin de arroz con leche con frutas confitadas

Ingredientes para 4 personas

Arroz con leche:

- *250 g de leche*
- *25 g de arroz*
- *Cáscara de limón*
- *1 palito de canela*
- *25 g de azúcar*

Otros ingredientes:

- *650 g de leche*
- *6 huevos*
- *200 g de azúcar*
- *50 g de frutas confitadas*

Modo de preparación

Ponga la mariposa en las cuchillas, introduzca todos los ingredientes del arroz con leche excepto el azúcar en el vaso y programe 40 minutos, temperatura 90 °C, velocidad 1. Añada entonces el azúcar y programe 2 minutos a la misma temperatura y velocidad. Saque la canela y la cáscara de limón y triture 30 segundos, velocidad progresiva 5-7-9. Retire del vaso y reserve.

Limpie el vaso y vierta el resto de los ingredientes del pudin menos las frutas confitadas. Programe 10 segundos, velocidad 3. Añada el arroz con leche reservado y las frutas confitadas, y programe 20 segundos, giro a la izquierda, velocidad cuchara.

Vierta el contenido del vaso en un molde, ponga éste sobre otro recipiente lleno de agua hasta la mitad y hornéelo al baño maría con el horno precalentado a 180 °C durante 40 minutos. Para saber si está listo, pínchelo con una aguja; si no lo está, déjelo unos minutos más.

Pudin de limón

Ingredientes para 4 personas

Para el pudin:

200 g de azúcar
Cáscara de 1 limón
1 l de leche
8 huevos
12 bizcochos de soletilla
3 gotas de colorante alimentario amarillo

Para decorar:

1 lápiz pastelero sabor vainilla
1 lápiz pastelero sabor chocolate

Modo de preparación

- Pele un limón el día anterior y deje secar la cáscara.
- Ponga en el vaso el azúcar y la cáscara de limón reservada, y pulverícelos 30 segundos, velocidad progresiva 5-7-9.
- Añada al vaso el resto de los ingredientes del pudin y programe 6 minutos, temperatura 90 °C, velocidad 4.
- Vierta la mezcla en un molde. Para cocer el pudin al baño maría ponga el molde con el preparado dentro de otro recipiente mayor con agua caliente, de manera que ésta cubra el recipiente menor hasta la mitad de su altura, y hornéelo, con el horno precalentado a 180 °C, durante 30 minutos. Para saber si está en su punto píncheleo con una aguja, si sale limpia, estará listo. De no ser así, déjelo unos minutos más a la misma temperatura.
- Desmolde el pudin una vez frío y decórelo con los lápices pasteleros.

Pudin de chocolate

Ingredientes para 4 personas

1 kg de leche
8 huevos
200 g de azúcar
125 g de cacao en polvo
12 magdalenas

Para decorar:

50 g de cacao en polvo
Unos palitos de chocolate

Modo de preparación

- Ponga en el vaso los ingredientes del pudin y programe 6 minutos, temperatura 90 °C, velocidad 4.
- Vierta la mezcla en un molde. Para cocer el pudin al baño maría ponga el molde con el preparado dentro de otro recipiente mayor con agua caliente, de manera que ésta cubra el recipiente menor hasta la mitad de su altura, y hornéelo durante 30 minutos en el horno precalentado a 180 °C. Para saber si está en su punto, pínchelo con una aguja; si sale limpia, estará listo. De no ser así, déjelo unos minutos más a la misma temperatura.
- Deje enfriar, desmolde y decore el pudin espolvoreándolo con el cacao en polvo y colocando encima los palitos de chocolate.

Pudin de piña con pan payés

Ingredientes para 4 personas

Para el pudin:

1 lata de piña en almíbar de 1 kg
1 l de leche
8 huevos
125 g de azúcar
150 g de pan payés troceado

Para decorar:

1 lápiz pastelero sabor chocolate

Modo de preparación

- Eche la piña bien escurrida en el vaso, excepto unas rodajas que servirán para forrar el molde; trocéela durante 7 segundos, velocidad $3^{1/2}$. A continuación, añada el resto de los ingredientes al vaso y programe 6 minutos, temperatura 90 °C, velocidad 4.
- Forre un molde con la piña reservada y vierta encima la mezcla. Para cocer el pudin al baño maría ponga el molde con el preparado dentro de otro recipiente mayor con agua caliente, de manera que ésta cubra el recipiente menor hasta la mitad de su altura, y hornéelo, con el horno precalentado a 180 °C, durante 30 minutos. Para saber si está en su punto pínchelo con una aguja, si sale limpia, estará listo; de no ser así, déjelo unos minutos más a la misma temperatura.
- Desmolde el pudin una vez frío y decore al gusto con el lápiz pastelero.

Pudin de manzana y canela

Ingredientes para 4 personas

3 manzanas reineta peladas y descorazonadas
4 rebanadas de pan de molde sin corteza
1 l de leche
8 huevos

Para decorar:
Canela en polvo
1 latita de guindas rojas

Modo de preparación

- Introduzca en el vaso las manzanas troceadas y tritúrelas junto con el pan de molde 30 segundos, velocidad progresiva 5-7-9. Añada el resto de los ingredientes excepto la canela y programe 6 minutos, temperatura 90 °C, velocidad 4.
- Vierta la mezcla en moldes individuales.
- Para cocer el pudin al baño maría, ponga los moldes con el preparado dentro de otro recipiente mayor con agua caliente de manera que ésta cubra los recipientes menores hasta la mitad de su altura, y hornéelos, con el horno precalentado a 180 °C, durante 30 minutos. Para saber si están en su punto pínchelos con una aguja, si sale limpia, estarán listos. De no ser así, déjelos unos minutos más a la misma temperatura.
- Desmóldelos, espolvoréelos con la canela antes de servir y decore con las guindas.

Pudin de pasas

Ingredientes para 4 personas

Para caramelizar el molde:

50 g de azúcar

Unas gotas de zumo de limón

Para el pudin:

1 kg de leche

8 huevos

200 g de azúcar

100 g de pasas

12 bizcochos de soletilla

Para decorar:

1 racimo de grosellas

Modo de preparación

- Ponga al fuego el molde con el azúcar y unas gotas de limón y prepare un almíbar de caramelo. Cuando el azúcar empiece a tomar color, retire el molde del fuego con ayuda de una manopla y muévalo en todos los sentidos para que se embadurnen el fondo y las paredes con el caramelo. Déjelo enfriar y reserve.
- Vierta en el vaso los ingredientes del pudin excepto los bizcochos y programe 6 minutos, temperatura 90 °C, velocidad 4.
- Coloque los bizcochos en el fondo del molde caramelizado y vierta encima la mezcla preparada.
- Para cocer el pudin al baño maría, ponga el molde con el preparado dentro de otro recipiente mayor con agua caliente, de manera que ésta cubra el recipiente menor hasta la mitad de su altura, y hornéelo 30 minutos en el horno precalentado a 180 °C. Para saber si está en su punto, pínchelo con una aguja; si sale limpia, estará listo. De no ser así, déjelo unos minutos más a igual temperatura. Desmolde el pudin una vez frío y decórelo con las grosellas.

Pudin de suizos

Ingredientes para 4 personas

Para caramelizar el molde:

50 g de azúcar

Unas gotas de zumo de limón

Para el pudin:

1 l de leche

8 huevos

200 g de azúcar

4 suizos

Para decorar:

Flores de mazapán

Modo de preparación

- Ponga al fuego un molde con el azúcar y unas gotas de limón y prepare un almíbar de caramelo. Cuando el azúcar empiece a tomar color, retire el molde del fuego con ayuda de una manopla y muévalo en todos los sentidos para que se embadurnen el fondo y las paredes con el caramelo. Déjelo enfriar.
- Vierta en el vaso los ingredientes del pudin salvo los suizos y programe 6 minutos, temperatura 90 °C, velocidad 4.
- Disponga los suizos fileteados en el fondo del molde caramelizado y vierta la mezcla preparada.
- Para cocer el pudin al baño maría ponga el molde con el preparado dentro de otro recipiente mayor con agua caliente, de manera que ésta cubra el recipiente menor hasta la mitad de su altura, y hornéelo 30 minutos en el horno precalentado a 180 °C. Para saber si está en su punto, pínchelo con una aguja; si sale limpia, estará listo. De no ser así, déjelo unos minutos más a la misma temperatura.
- Desmolde el pudin una vez frío y decórelo con flores de mazapán (ver p. 195).

Cocinar con el robot de cocina *Thermomix®* para los niños

La alimentación infantil

Una dieta sana y variada es necesaria para el correcto desarrollo del niño. Si queremos disminuir el riesgo de que nuestros hijos padezcan enfermedades de adultos, conviene que durante la infancia y adolescencia adopten buenos hábitos dietéticos y practiquen ejercicio físico habitualmente.

El periodo de lactancia

HASTA LOS 6 MESES

• Hasta los 6 meses es aconsejable amamantar al recién nacido, ya que la leche materna fortalece su sistema inmunológico y ayuda al buen funcionamiento del aparato digestivo.

• La composición de la leche materna es la única que se adapta estrictamente a las necesidades nutritivas del lactante. Contiene proteínas, minerales, hidratos de carbono, grasas y una serie de nutrientes que la hacen ideal para el completo desarrollo del bebé. Los primeros días de la lactancia, la leche –llamada calostro– es más espesa y de color amarillento. Se caracteriza por tener más proteínas que la leche posterior, pero menos grasas y azúcares.

• Otras ventajas de la leche materna es que contiene enzimas que ayudan a su digestión. De este modo, favorece la maduración del aparato digestivo del recién nacido y se reducen las posibilidades de que algún nutriente pueda producir al bebé los conocidos cólicos del lactante. Además, siempre está a la temperatura ideal y no hay riesgo de confundir la concentración.

• Si tenemos que optar por la alimentación artificial, para la preparación del biberón utilizaremos agua hervida o agua mineral específicamente indicada para lactantes, y una leche artificial adaptada a las necesidades del recién nacido.

Introducción de los cereales hidrolizados

• El primer alimento que se introduce en la dieta del lactante son los cereales, mezclados con leche materna o artificial.

• El mes elegido para introducir los cereales dependerá del pediatra; en cualquier caso, en un primer momento se evita el gluten para no producir una posible reacción alérgica.

• Los cereales son un alimento completo y rico en nutrientes que aportan a la dieta proteínas, fibra y vitamina B.

Cuándo introducir nuevos alimentos

A PARTIR DE LOS 6 MESES

• A partir de los 6 meses las necesidades nutricionales varían y es imprescindible completar la alimentación del niño.

• La introducción de nuevos alimentos es un proceso que dura varios meses pues se deben incorporar de uno en uno, con el objeto de poder identificar, en el caso de desarrollar una alergia, el alimento que la ha causado; además, la incorporación demasiado pronto de determinados ingredientes puede favorecer la aparición de alergias. El pediatra nos señalará el calendario nutricional que debemos seguir.

• Estos alimentos se ofrecen al niño en forma de puré o papilla, que deben prepararse con productos frescos y de primera calidad. El robot de cocina *Thermomix*® desmenuza y tritura a la perfección los alimentos, consiguiendo una textura ideal para los niños que están descubriendo sabores nuevos.

• Durante el primer año de vida hay que tener en cuenta que la dieta aporte la cantidad suficiente de hierro; por este motivo, el pediatra vigila la posible aparición de síntomas que revelen la presencia de una anemia ferropénica. Hay preparados especiales y cereales enriquecidos con hierro que ayudan a prevenir este problema.

Consejos para la correcta conservación de los alimentos

• Lave muy bien los recipientes que vaya a utilizar para congelar los purés y asegúrese de que cierran herméticamente.

• Guarde los alimentos correctamente tapados en el frigorífico una vez fríos. Consérvelos, como máximo, dos días.

• Si desea congelar los purés, hágalo en pequeñas cantidades en recipientes herméticos etiquetados con la fecha en la que se han congelado. Se conservan durante dos meses como máximo.

A PARTIR DE 1 AÑO

• A partir de esta edad el niño puede comer una gran variedad de alimentos igual que los adultos. Desde este momento debemos procurar que su dieta sea sana, equilibrada y variada.

Purés

Puré de acelgas y solomillo de cerdo

Ingredientes para 4 raciones

300 g de patatas
50 g de puerro
70 g de zanahorias
50 g de acelgas
1 tomate maduro
1 diente de ajo pelado y troceado
80 g de solomillo de cerdo en un trozo
400 g de agua
2 cucharadas de aceite de oliva
1 pizca de sal

Nota: si desea que el puré quede menos triturado, en vez de 30 segundos, velocidad 10, programe menos segundos a velocidad $3^{1/2}$.

Modo de preparación

- Pele las patatas, lávelas, córtelas en trozos regulares y reserve.
- Deseche la parte verde del puerro y las capas externas, lávelo y trocéelo en rodajas. Reserve.
- Pele las zanahorias y córtelas en rodajas finas. Reserve.
- Quite las hebras a las pencas de las acelgas, lávelas en varias aguas para eliminar los restos de tierra y trocéelas. Reserve.
- Lave, pele y despepite el tomate. Trocéelo y reserve.
- Deseche la grasa del solomillo de cerdo y córtelo en trozos pequeños.
- Introduzca en el vaso todos los ingredientes y programe 30 minutos, temperatura 100 °C, velocidad 1. Una vez transcurrido el tiempo, compruebe que las verduras estén en su punto; de no ser así, programe unos minutos más a la misma temperatura y velocidad.
- Por último, programe 10 segundos, velocidad 5 y, a continuación, 30 segundos, velocidad 10.
- Deje reposar el puré unos minutos antes de servirlo.

Puré de espinacas y zanahoria

Ingredientes para 4 raciones

100 g de zanahorias
100 g de espinacas congeladas
200 g de patatas
20 g de mantequilla
450 g de agua
1 pizca de sal

Modo de preparación

- Raspe las zanahorias, lávelas y córtelas en rodajas finas. Reserve.
- Descongele las espinacas, escúrralas bien utilizando el cestillo y reserve.
- Pele las patatas, lávelas y trocéelas. Reserve.
- Introduzca en el vaso todos los ingredientes para preparar el puré y programe 30 minutos, temperatura 100 °C, velocidad 1. Transcurrido el tiempo, compruebe que todos los ingredientes estén en su punto; de no ser así, programe unos minutos más a la misma temperatura y velocidad añadiendo agua si fuera necesario.
- Por último, programe 10 segundos, velocidad 6 y, a continuación, 30 segundos, velocidad 10. Reserve.
- Deje reposar el puré unos minutos antes de servir.

Puré de lentejas y carne

Ingredientes para 4 raciones

125 g de lentejas
20 g de calabaza
70 g de zanahorias
100 g de patatas
1 tomate pequeño
1 diente de ajo
25 g de cebolla
80 g de solomillo de cerdo troceado
2 cucharadas de aceite
1 pizca de sal
450 g de agua

Nota: si el niño mastica bien, este puré se puede acompañar con trocitos de pan frito.

Modo de preparación

- Ponga las lentejas en remojo la noche anterior.
- Pele la calabaza, deseche las semillas y trocéela. Reserve.
- Pele las zanahorias, trocéelas y reserve.
- Pele las patatas, lávelas y trocéelas. Reserve.
- Pele el tomate, deseche las semillas, trocéelo y reserve.
- Pele el diente de ajo y trocéelo. Reserve.
- Quite las capas externas de la cebolla y trocéela. Reserve.
- Escurra las lentejas.
- Introduzca en el vaso las lentejas escurridas. A continuación, añada el resto de los ingredientes y programe 25 minutos, temperatura 100 °C, giro a la izquierda, velocidad cuchara. Compruebe que las lentejas estén tiernas; de no ser así, agregue un poco más de agua caliente y programe unos minutos más a la misma temperatura y velocidad.
- Por último, programe 10 segundos, velocidad 5 y, a continuación, 30 segundos, velocidad 10.

Puré de verduras y merluza fresca

Ingredientes para 4 raciones

70 g de zanahorias
50 g de calabacín
300 g de patatas
80 g de merluza fresca
400 g de agua
1 pizca de sal
2 cucharadas de aceite de oliva
1 diente de ajo pelado y troceado

Modo de preparación

- Pele las zanahorias y córtelas en rodajas finas. Reserve.
- Pele el calabacín y trocéelo. Reserve.
- Pele las patatas, lávelas y córtelas en trozos regulares. Reserve.
- Limpie perfectamente la merluza de piel y espinas, y reserve.
- Ponga todos los ingredientes excepto el pescado en el vaso y programe 30 minutos, temperatura 100 °C, velocidad 1. Siete minutos antes de terminar la cocción, añada la merluza por el bocal.
- Transcurrido el tiempo, compruebe que todos los ingredientes estén en su punto; de no ser así, programe unos minutos más, temperatura 80 °C, velocidad 1.
- Por último, programe 10 segundos, velocidad 5 y, a continuación, 30 segundos, velocidad 10.
- Deje reposar el puré unos minutos antes de servir.

Puré de arroz y ternera

Ingredientes para 4 raciones

70 g de zanahorias
200 g de patatas
30 g de calabacín
80 g de ternera troceada
70 g de arroz
450 g de agua
1 pizca de sal
2 cucharadas de aceite de oliva

Modo de preparación

- Pele las zanahorias y trocéelas. Reserve.
- Pele las patatas, lávelas, trocéelas y reserve.
- Pele el calabacín y trocéelo. Reserve.
- Ponga en el vaso todos los ingredientes y programe 25 minutos, temperatura 100 °C, velocidad 1.
- Transcurrido el tiempo, compruebe que todos los ingredientes estén en su punto; de no ser así, añada un poco más de agua caliente y programe unos minutos más a la misma temperatura y velocidad.
- Por último, programe 10 segundos, velocidad 5 y, a continuación, 30 segundos, velocidad 10.
- Vierta el puré en cuencos y compruebe la temperatura antes de consumirlo.

Puré con lenguado troceado

Ingredientes para 4 raciones

2 cucharadas de aceite de oliva
1 lenguado fresco
Harina para rebozar

Para el puré:
300 g de patatas
70 g de zanahorias
50 g de calabacín
1 diente de ajo
400 g de agua
Sal

Modo de preparación

- Pele las patatas, lávelas y córtelas en trozos regulares. Reserve.
- Pele las zanahorias y córtelas en trozos pequeños. Reserve.
- Pele el calabacín y trocéelo. Reserve.
- Pele y trocee el diente de ajo.
- Ponga todos los ingredientes del puré en el vaso y programe 30 minutos, temperatura 100 °C, velocidad 1. Una vez transcurrido el tiempo, compruebe que las verduras estén en su punto; de no ser así, programe unos minutos más a la misma temperatura y velocidad.
- Por último, programe 10 segundos, velocidad 5 y, a continuación, 30 segundos, velocidad 10.
- En una sartén con 2 cucharadas de aceite de oliva, fría el lenguado previamente rebozado en harina.
- Deje reposar el puré unos minutos antes de añadir por encima el lenguado limpio de espinas y troceado.

Puré de judías verdes y carne

Ingredientes para 4 raciones

70 g de zanahorias
50 g de judías verdes
300 g de patatas
40 g de puerro
1 diente de ajo
80 g de ternera en un trozo
450 g de agua
1 pizca de sal
2 cucharadas de aceite

Nota: *si desea que el puré quede menos triturado y con más textura, en vez de 30 segundos, velocidad 10, programe menos segundos a velocidad 3 1/2.*

Modo de preparación

- Pele las zanahorias, córtelas en trozos pequeños y reserve.
- Lave las judías verdes, retire las hebras y las puntas, trocéelas y reserve.
- Pele las patatas, lávelas y córtelas en trozos regulares. Reserve.
- Deseche la parte verde del puerro y las capas externas, lávelo y trocéelo en rodajitas. Reserve.
- Pele el diente de ajo y trocéelo. Reserve.
- Limpie la carne de grasa y pártala en trocitos pequeños. Reserve.
- Ponga todos los ingredientes en el vaso y programe 30 minutos, temperatura 100 °C, velocidad 1. Transcurrido el tiempo, compruebe que las verduras estén tiernas; de no ser así, programe unos minutos más a la misma temperatura y velocidad.
- Por último, programe 10 segundos, velocidad 5 y, a continuación, 30 segundos, velocidad 10.
- Deje reposar el puré unos minutos antes de servir.

Puré de garbanzos

Ingredientes para 4 raciones

125 g de garbanzos en conserva
200 g de patatas
70 g de zanahorias
50 g de pechuga de pollo
500 g de agua
1 pizca de sal
2 cucharadas de aceite de oliva

Modo de preparación

- Lave los garbanzos y escúrralos con ayuda del cestillo. Reserve.
- Pele las patatas, lávelas y trocéelas. Reserve.
- Pele las zanahorias y trocéelas. Reserve.
- Deseche la grasa de la pechuga de pollo, trocéela y reserve.
- Introduzca en el vaso todos los ingredientes y programe 25 minutos, temperatura 100 °C, velocidad 1. Una vez transcurrido el tiempo, compruebe que las patatas y las zanahorias estén tiernas; de no ser así, vierta un poco más de agua caliente si fuera necesario y programe unos minutos más a la misma temperatura y velocidad.
- Por último, programe 10 segundos, velocidad 5 y, a continuación, 30 segundos, velocidad 10.
- Deje reposar el puré unos minutos antes de servir.

Puré de verduras

Ingredientes para 4 raciones

200 g de patatas
70 g de zanahorias
50 g de puerro
50 g de apio
20 g de calabaza
15 g de nabo
1 tomate maduro pequeño
50 g de calabacín
450 g de agua
1 pizca de sal
2 cucharadas de aceite de oliva

Modo de preparación

- Pele las patatas y las zanahorias, y trocéelas. Reserve.
- Lave el puerro y el apio bajo el grifo de agua fría. Deseche la parte verde y las capas externas del puerro, y las hebras del apio, trocéelos y reserve.
- Pele la calabaza, deseche las semillas, trocéela y reserve.
- Pele el nabo, trocéelo y reserve.
- Lave el tomate, pélelo, quítele las semillas y trocéelo. Reserve.
- Pele el calabacín y trocéelo. Reserve.
- Introduzca en el vaso todos los ingredientes y programe 30 minutos, temperatura 100 °C, velocidad 1. Finalizado el tiempo, programe 10 segundos, velocidad 5 y, a continuación, 30 segundos, velocidad 10.
- Compruebe que ha quedado bien triturado; de no ser así, programe unos segundos más a la misma velocidad.
- Deje reposar el puré unos minutos antes de servir.

Puré de verduras y pollo

Ingredientes para 4 raciones

70 g de zanahorias
300 g de patatas
80 g de pechuga de pollo
1 tomate maduro
20 g de apio
450 g de agua
1 pizca de sal
2 cucharadas de aceite de oliva

Modo de preparación

- Pele las zanahorias y córtelas en trocitos pequeños. Reserve.
- Pele las patatas, lávelas, córtelas en trozos regulares y reserve.
- Deseche la grasa de la pechuga de pollo y córtela en trocitos pequeños; reserve.
- Lave el tomate, quítele la piel y las pepitas. Trocéelo y reserve.
- Lave bajo el grifo de agua fría el apio, quítele las hebras, trocéelo y reserve.
- Ponga todos los ingredientes en el vaso y programe 30 minutos, temperatura 100 °C, velocidad 1.
- Sin quitar la tapa, baje los restos de las paredes del vaso introduciendo la espátula por el bocal.
- A continuación, programe 10 segundos, velocidad 5. Baje de nuevo los restos de las paredes y la tapadera, y programe 30 segundos, velocidad 10. Compruebe que el puré ha quedado bien triturado; de no ser así, programe unos segundos más a la misma velocidad.
- Deje reposar el puré unos minutos antes de servir.

Primeros

Guiso de patatas con bonito

Ingredientes para 4 raciones

150 g de bonito fresco
1/2 cebolla pequeña
1 diente de ajo
1 zanahoria
1 tomate maduro
300 g de patatas
50 g de aceite de oliva
Harina para rebozar
500 g de agua
1 pastilla de caldo de carne

Modo de preparación

- Limpie de piel y espinas el bonito, y córtelo en trozos regulares.
- Pele bien la cebolla y trocéela. Pele el diente de ajo y trocéelo. Reserve. Raspe la zanahoria, lávela y córtela en rodajas finas. Reserve.
- Desprenda la piel del tomate, deseche las semillas y reserve. Pele las patatas, lávelas y córtelas en trozos regulares. Reserve.
- En una sartén con aceite caliente fría ligeramente los trozos de bonito previamente enharinados. Retire el bonito de la sartén y reserve.
- Vierta en el vaso el aceite de freír el bonito junto con la cebolla, el ajo, la zanahoria, el tomate y las patatas, y programe 5 segundos, velocidad 5. Baje los restos de las paredes y la tapa del vaso con la espátula, y programe 5 minutos, temperatura 100 °C, velocidad 2.
- Coloque la mariposa en las cuchillas, añada el agua y la pastilla de caldo, y programe 20 minutos, temperatura varoma, velocidad 1. Transcurrido el tiempo, agregue el bonito y programe 3 minutos, temperatura 100 °C, velocidad 1.
- Deje reposar el guiso antes de servir.

Sopa de verduras con coditos

Ingredientes para 4 raciones

- *1 puerro pequeño*
- *25 g de calabaza*
- *30 g de repollo*
- *30 g de acelgas*
- *1 ramita de apio*
- *1 patata*
- *1 zanahoria*
- *10 g de nabo*
- *1/2 calabacín*
- *1 cucharadita de perejil picado*
- *500 g de agua*
- *1 pastilla de caldo de carne*
- *50 g de aceite de oliva*
- *1 cubilete de coditos*

Modo de preparación

- Lave el puerro, deseche la parte verde y las capas externas, córtelo en rodajitas y reserve.
- Pele la calabaza, deseche las semillas y córtela en cuadraditos. Reserve.
- Lave el repollo bajo el grifo de agua fría. Trocéelo y reserve.
- Lave en varias aguas las acelgas y el apio, quíteles las hebras y trocéelos. Reserve.
- Pele la patata, la zanahoria, el nabo y el calabacín, y córtelos en cuadraditos. Reserve.
- Introduzca todos los ingredientes menos los coditos en el vaso y programe 25 minutos, temperatura 100 °C, velocidad 1. Transcurrido el tiempo, compruebe que las verduras estén tiernas; de no ser así, programe más minutos a la misma temperatura y velocidad.
- Añada los coditos al vaso y programe 10 minutos, temperatura varoma, giro a la izquierda, velocidad cuchara.
- Sirva la sopa en el momento.

Sopa de picadillo

Ingredientes para 4 raciones

Para el caldo:

1 ramita de apio

1 puerro

200 g de patatas

1 pechuga de pollo

5 garbanzos crudos

50 g de jamón serrano en un trozo

1 kg de agua

1 cucharada de aceite

Para la guarnición:

2 huevos duros

1 cubilete de arroz

Modo de preparación

- Introduzca los huevos duros en el vaso y programe 4 segundos, velocidad $3^{1/2}$. Reserve. Lave el apio, quítele las hebras y trocéelo. Reserve.
- Lave el puerro y trocéelo en rodajitas. Reserve. Pele las patatas, lávelas y córtelas en trozos regulares. Reserve.
- Corte la pechuga de pollo y el jamón por la mitad y reserve.
- Introduzca en el vaso los garbanzos y programe 20 segundos, velocidad progresiva 5-7-9. Baje los restos con ayuda de la espátula. Añada el resto de los ingredientes del caldo y programe 25 minutos, temperatura 100 °C, giro a la izquierda, velocidad cuchara.
- Transcurrido el tiempo, compruebe que todos los ingredientes estén tiernos; de no ser así, programe unos minutos más a la misma temperatura y velocidad.
- Cuele el caldo con la ayuda del cestillo; reserve las verduras e introduzca de nuevo en el vaso el pollo y el jamón cocidos, y programe 6 segundos, velocidad $3^{1/2}$. Reserve.
- A continuación, vierta el caldo en el vaso, añada el cubilete de arroz y programe 15 minutos, temperatura 100 °C,

giro a la izquierda, velocidad cuchara. Transcurrido el tiempo, agregue todos los ingredientes reservados excepto el huevo y programe 5 segundos, velocidad 1.

Vierta la sopa de picadillo en platos individuales y espolvoree con el huevo.

Puré de patata al queso

Ingredientes para 4 raciones

600 g de patatas
200 g de leche
1 pastilla de caldo de carne
2 cucharadas de mantequilla
50 g de queso parmesano rallado
2 yemas de huevo

NOTA: *este puré es ideal como primer plato o como acompañamiento de carnes y pescados.*

Modo de preparación

- Pele las patatas, lávelas y córtelas en trozos muy pequeños. Reserve.
- Ponga la mariposa en las cuchillas, introduzca las patatas, la leche y la pastilla de caldo, y programe 20 minutos, temperatura varoma, velocidad 1.
- Transcurrido el tiempo, agregue la mantequilla, el queso y las yemas de huevo, y programe 5 segundos, velocidad 3. Baje los restos de las paredes con la ayuda de la espátula y programe unos segundos más hasta conseguir una mezcla uniforme.

Tallarines con nata y pollo

Ingredientes para 4 raciones

Para la pasta:

300 g de tallarines

800 g de agua

1 cucharada de aceite de oliva

Sal

Para la salsa:

50 g de champiñones frescos

1/2 diente de ajo

1 cucharada de mantequilla

250 g de nata líquida para cocinar

50 g de queso parmesano rallado y un poco más para espolvorear

1 pizca de sal

2 filetes finos de pechuga de pollo

1 cucharada de aceite

Modo de preparación

- Vierta en el vaso el agua junto con el aceite y la sal, y programe 7 minutos, temperatura 100 °C, velocidad 1. Agregue los tallarines troceados por el bocal y programe el tiempo que indique el paquete, temperatura 100 °C, velocidad cuchara. Escurra la pasta introduciéndola en el cestillo y reserve.
- Lave los champiñones y trocéelos. Pele el diente de ajo y trocéelo. Reserve.
- Limpie y seque el vaso, introduzca los champiñones, el diente de ajo y la mantequilla, y programe 4 segundos, velocidad 5. Baje los restos de las paredes del vaso con la ayuda de la espátula, añada la nata, el queso y la sal, y programe 5 minutos, temperatura 100 °C, velocidad 5. Si desea que la salsa quede más fina, de nuevo programe 5 segundos, velocidad 5. Reserve la salsa caliente dentro del vaso hasta la hora de servir.
- En una sartén con aceite caliente dore los filetes de pollo. Reserve.
- Sirva la pasta mezclada con la salsa preparada y los filetes de pollo troceados, y espolvoree con queso parmesano rallado.

Paella para niños

Ingredientes para 4 raciones

1 solomillo de cerdo
1 cucharada de aceite de oliva
Sal
Colorante alimentario
250 g de arroz

Para el caldo de pescado:

200 g de gambas
500 g de agua

Para el sofrito:

1 diente de ajo
3 tomates
70 g de aceite

Modo de preparación

- Trocee la carne desechando la grasa, córtela en cuadraditos y fríala en una sartén con una cucharada de aceite hasta que se dore. Retírela y reserve.
- Pele las gambas y reserve las cáscaras.
- Pele el diente de ajo y trocéelo. Reserve.
- Pele los tomates, deseche las semillas y trocéelos. Reserve.
- Eche en el vaso las gambas y 200 g de agua y programe 4 minutos, temperatura 100 °C, velocidad 4. Transcurrido el tiempo, cuele el caldo usando el cestillo y agréguele 300 g de agua. Reserve.
- Lave y seque el vaso, introduzca los ingredientes para hacer el sofrito y programe 20 segundos, velocidad 5. Transcurrido el tiempo, programe 5 minutos, velocidad $3^{1/2}$.
- Agregue al vaso el caldo, la sal y el colorante. A continuación, introduzca el cestillo con el arroz y la carne, y programe 10 minutos, temperatura varoma, velocidad 4. Remueva de vez en cuando.
- Transcurrido el tiempo, vuelva a programe 10 minutos, temperatura varoma, velocidad 6; remueva el arroz para que no se apelmace.

Saque el cestillo del vaso con la ayuda de la espátula y vierta su contenido en el vaso, agregue las gambas reservadas y programe 30 segundos, temperatura 100 °C, giro a la izquierda, velocidad cuchara. Transcurrido el tiempo, deje reposar unos minutos antes de servir.

Judías blancas estofadas

Ingredientes para 4 raciones

400 g de judías blancas en conserva
750 g de agua
Sal
1 hoja de laurel
100 g de zanahorias cocidas

Para el sofrito:

75 g de calabaza
1 diente de ajo
75 g de cebolla
50 g de aceite
1/2 cucharada de pimentón

Modo de preparación

- Introduzca las judías en el cestillo y lávelas bajo el grifo de agua fría. Reserve.
- Pele la calabaza, deseche las pepitas, trocéela y reserve.
- Pele el diente de ajo y trocéelo. Reserve.
- Pele la cebolla, trocéela y reserve.
- Trocee las zanahorias. Reserve.
- Ponga en el vaso todos los ingredientes del sofrito excepto el pimentón y programe 4 segundos, velocidad 5.
- Con la ayuda de la espátula baje los restos de las paredes del vaso y programe 10 minutos, temperatura varoma, velocidad 1. Agregue el pimentón y, de nuevo, programe 5 segundos, velocidad 4.
- A continuación, añada las zanahorias troceadas y programe 4 segundos, velocidad $3^{1/2}$. Incorpore el agua, la sal y el laurel, e introduzca el cestillo con las judías; programe 12 minutos, temperatura varoma, giro a la izquierda, velocidad cuchara.
- Deje reposar las judías antes de servir.

Patatas cocidas con huevo, atún y mayonesa

Ingredientes para 4 raciones

4 patatas medianas
3 huevos duros
500 g de agua
Sal
2 latas de atún al natural
4 aceitunas verdes deshuesadas

Para la mayonesa:

1 huevo
1 cucharada de zumo de limón
1 cucharada de agua
Sal
300 g de aceite

Modo de preparación

- Lave las patatas, pélelas, córtelas en rodajas gruesas e introdúzcalas en el cestillo. Reserve.
- Retire la cáscara de los huevos y córtelos en rodajas. Reserve.
- Vierta en el vaso el agua con la sal, introduzca el cestillo en el vaso y programe 22 minutos, temperatura varoma, velocidad 1. Retire el cestillo con la ayuda de la espátula y reserve.
- Limpie y seque el vaso. Introduzca todos los ingredientes para preparar la mayonesa excepto el aceite y programe 10 segundos, velocidad 4. Vierta el aceite poco a poco por el bocal teniendo el robot de cocina *Thermomix®* a velocidad 4.
- Mezcle en un cuenco el atún con la mitad de la mayonesa.
- Alterne capas de patata, huevo y la mezcla de atún preparada; termine con una capa de mayonesa y decore con una aceituna.

Arroz con tomate y atún

Ingredientes para 4 raciones

Para el arroz:

2 cucharadas de aceite de oliva
570 g de agua
1 pastilla de caldo de pescado
250 g de arroz
Sal

Para la salsa:

1 zanahoria
1 diente de ajo pelado y troceado
50 g de aceite
500 g de tomate triturado
1 pizca de orégano
Sal

Para acompañar:

200 g de atún en aceite de oliva
4 hojas de lechuga cortadas en juliana

Modo de preparación

- Vierta en el vaso el aceite, el agua y la pastilla de caldo, y programe 5 minutos, temperatura varoma, velocidad 1. Pare el robot de cocina *Thermomix*®, introduzca el cestillo y programe 7 minutos, temperatura varoma, velocidad 4.
- A continuación, eche el arroz a través del bocal y programe 20 minutos, temperatura varoma, velocidad 4. Transcurrido el tiempo, compruebe que el arroz esté en su punto; de no ser así, programe unos minutos más a la misma temperatura y velocidad.
- Escurra el arroz y deje que se enfríe. Reserve.
- Pele la zanahoria, córtela en rodajas finas y reserve.
- Limpie y seque el vaso, e introduzca en él la zanahoria, el diente de ajo y el aceite; programe 10 segundos, velocidad 5.
- Baje los restos de las paredes con ayuda de la espátula y programe 3 minutos, temperatura 100 °C, velocidad 2. A continuación, agregue el tomate, el orégano y la sal, y programe 20 minutos, temperatura 100 °C, velocidad 1. Compruebe que la salsa esté bien tri-

turada; de no ser así, de nuevo programe 5 segundos, velocidad 6. Reserve.

Rellene moldes individuales con el arroz y termine con una capa de atún. A continuación, vuelque cada molde sobre un plato cubierto con un lecho de lechuga y rocíe con la salsa preparada.

Espaguetis boloñesa

Ingredientes para 4 raciones

Para la pasta:

300 g de espaguetis
800 g de agua
1 cucharada de aceite
Sal

Para la salsa:

400 g de tomates maduros
1 diente de ajo
200 g de carne picada de ternera
50 g de aceite de oliva
1 cucharadita de orégano
Sal
4 cucharadas de queso parmesano rallado

Modo de preparación

- Vierta en el vaso el agua junto con el aceite y la sal, y programe 7 minutos, temperatura 100 °C, velocidad 1. Agregue los espaguetis troceados por el bocal y programe el tiempo que indique el paquete, temperatura 100 °C, velocidad cuchara. Escurra la pasta con la ayuda del cestillo y reserve.
- Lave los tomates, pélelos, quíteles las semillas y trocéelos. Reserve. Pele el diente de ajo y píquelo.
- Limpie y seque el vaso. Introduzca el tomate y el diente de ajo, y programe 8 segundos, velocidad 5. Baje los restos de las paredes con la espátula, agregue el resto de los ingredientes de la salsa menos el queso rallado y programe 10 minutos, temperatura varoma, giro a la izquierda, velocidad cuchara; transcurrido el tiempo, quite el cubilete y programe 5 minutos a la misma temperatura y velocidad.
- Sirva los espaguetis acompañados con la salsa de carne bien caliente y espolvoree con el queso parmesano.

Segundos

Croquetas a la milanesa

Ingredientes para 4 raciones

Para la besamel:

50 g de aceite de oliva
100 g de mantequilla
150 g de harina
800 g de leche
1 pizca de nuez moscada
1 pizca de sal
200 g de macarrones cocidos y troceados
100 g de queso parmesano rallado

Para rebozar y freír:

3 huevos
200 g de pan rallado
Aceite de oliva

NOTA: *una vez formadas las croquetas puede congelarlas en paquetes individuales.*

Modo de preparación

- Para preparar la besamel introduzca en el vaso el aceite y la mantequilla, y programe 3 minutos, temperatura varoma, velocidad 3.
- Añada la harina y programe 1 minuto, temperatura 100 °C, velocidad $2^{1/2}$. Agregue el resto de los ingredientes de la besamel excepto los macarrones y el queso parmesano, y programe 10 segundos, velocidad 6. A continuación, programe 7 minutos, temperatura varoma, velocidad $2^{1/2}$.
- Incorpore los macarrones cocidos y el queso, y programe 10 segundos, velocidad $2^{1/2}$.
- Vierta la besamel en un recipiente; a continuación, haga bolitas del tamaño deseado, páselas por el huevo batido y finalmente por el pan rallado.
- En una sartén con aceite caliente fría las croquetas hasta que se doren.

Pastel de carne y puré de patata

Ingredientes para 4 raciones

Para el puré de patata:

600 g de patatas
200 g de leche
Sal
2 cucharadas de mantequilla
2 yemas de huevo
50 g de queso parmesano rallado

Para el preparado de carne:

1/2 cebolla pequeña pelada y troceada
50 g de aceite de oliva
1 kg de tomate natural triturado
400 g de carne picada de ternera
1 pizca de azúcar
Sal

Modo de preparación

- Pele las patatas, lávelas y córtelas en trozos muy pequeños. Reserve.
- Ponga la mariposa en las cuchillas, introduzcalas patatas, la leche y la sal, y programe 20 minutos, temperatura varoma, velocidad 1.
- Transcurrido el tiempo, agregue la mantequilla y las yemas de huevo, y programe 5 segundos, velocidad 3. Baje los restos de las paredes con la espátula y programe unos segundos más hasta conseguir una mezcla uniforme.
- Lave y seque el vaso, e introduzca en él la cebolla y el aceite; programe 5 segundos, velocidad $3^{1/2}$. Baje los restos de las paredes del vaso y compruebe que la cebolla ha quedado bien triturada; de no ser así, programe unos segundos más a la misma velocidad.
- Añada al vaso el tomate y la carne, y programe 15 minutos, temperatura varoma, giro a la izquierda, velocidad cuchara.
- Engrase un molde de fondo desmontable con mantequilla y rellénelo con una capa de puré, reservando un poco para la decoración final, y encima otra del preparado de carne.

- Introduzca el puré reservado en una manga pastelera con boquilla rizada.
- Decore el pastel con el puré, espolvoree con el queso parmesano rallado e introdúzcalo en el horno precalentado a 180 °C durante unos minutos hasta que se dore.

Merluza con guarnición de patatas

Ingredientes para 4 raciones

Para el recipiente varoma:

4 lomos de merluza congelada

1 cucharada de aceite de oliva

Para la guarnición:

600 g de patatas

1 diente de ajo

100 g de aceite de oliva

100 g de agua

Sal

1 cucharadita de perejil picado

Modo de preparación

- Quite la piel a los lomos de merluza, pincélelos con aceite de oliva y resérvelos en el recipiente varoma.
- Pele las patatas, lávelas y córtelas en rodajas gruesas.
- Pele el diente de ajo, ábralo por la mitad a lo largo, deseche la parte central y córtelo en trocitos.
- Introduzca en el vaso el diente de ajo y el aceite, y programe 4 minutos, temperatura 100 °C, velocidad 1.
- A continuación, ponga la mariposa en las cuchillas, añada el resto de los ingredientes de la guarnición, coloque el recipiente varoma en la tapadera y programe 14 minutos, temperatura varoma, giro a la izquierda, velocidad cuchara.
- Transcurrido el tiempo, deje enfriar unos minutos el recipiente varoma antes de abrirlo para evitar quemaduras. Coloque los lomos de merluza en platos individuales y acompáñelos con la guarnición de patatas.

Solomillo de cerdo con salsa de manzana

Ingredientes para 4 raciones

2 solomillos de cerdo
Sal
2 cucharadas de aceite de oliva

Para la salsa:

2 zanahorias
1 manzana reineta
1/2 cebolla
1 diente de ajo
50 g de aceite de oliva
1 pastilla de caldo de carne
200 g de agua

Modo de preparación

- Limpie los solomillos quitándoles la grasa y córtelos en medallones. Reserve.
- Pele las zanahorias y córtelas en láminas finas. Reserve.
- Pele la manzana, descorazónela y trocéela. Reserve.
- Quite las capas externas de la cebolla y trocéela. Pele el diente de ajo y trocéelo. Reserve.
- Ponga en el vaso todos los ingredientes de la salsa y programe 20 minutos, temperatura varoma, velocidad $3^{1/2}$. Compruebe que los ingredientes estén tiernos; de no ser así, programe unos minutos más a la misma temperatura y velocidad. Si la salsa no ha quedado lo suficientemente espesa, programe unos minutos más, temperatura varoma y retire el cubilete.
- Por último, programe 5 segundos, velocidad 5 y, a continuación, 15 segundos, velocidad 10. Reserve la salsa en el vaso para que no se enfríe.
- Sale los medallones y fríalos en una sartén con aceite hasta que se doren.
- Sirva la carne en el momento acompañada de la salsa.

Taquitos de atún en salsa

Ingredientes para 4 raciones

1 rodaja de atún de 400 g
10 g de harina
4 cucharadas de aceite

Para la salsa:

100 g de puerro
1 diente de ajo
50 g de aceite
400 g de tomate triturado
1 cucharadita de perejil picado
Sal

Modo de preparación

- Ponga la rodaja de atún en agua fría unos minutos para que se desangre. A continuación, deseche la piel y las espinas, y pártalo en taquitos. Reboce los taquitos de atún en harina y rehóguelos ligeramente en una sartén con aceite caliente. Reserve.
- Lave el puerro, deseche la parte verde y las capas externas. Trocéelo en rodajas finas y reserve.
- Pele el diente de ajo y trocéelo. Reserve.
- Eche en el vaso el puerro, el ajo y el aceite, y programe 5 segundos, velocidad 5. Baje los restos de las paredes del vaso con la espátula y programe 2 minutos, temperatura 100 °C, velocidad 2.
- Transcurrido el tiempo, añada el tomate, el perejil y la sal, y programe 10 minutos, temperatura varoma, velocidad 1. A continuación, ponga la mariposa en las cuchillas, agregue el atún y programe 2 minutos, temperatura 100 °C, giro a la izquierda, velocidad cuchara.
- Sirva en el momento los taquitos de atún en platos individuales.

Pudin de espinacas

Ingredientes para 4 raciones

300 g de espinacas congeladas
2 calabacines
2 puerros
100 g de aceite de oliva
500 g de tomate triturado
Sal
1 pizca de azúcar
4 huevos
1 cucharada de mantequilla
50 g de queso parmesano rallado

Modo de preparación

- Deje descongelar las espinacas en el cestillo. Pele los calabacines y trocéelos.
- Quite a los puerros la parte verde y las capas externas, lávelos y trocéelos.
- Meta los calabacines, los puerros y el aceite en el vaso, y programe 4 segundos, velocidad $3^{1/2}$. Baje los restos de las paredes del vaso con la espátula. A continuación, programe 5 minutos, temperatura 100 °C, velocidad $3^{1/2}$.
- Baje de nuevo los restos de las paredes del vaso y de la tapadera, agregue el tomate, las espinacas, la sal y el azúcar, y programe 15 minutos, temperatura varoma, velocidad 1.
- Vierta la mezcla preparada en un cuenco hondo y deje que se enfríe; a continuación, añada los huevos batidos y mezcle bien.
- Unte con mantequilla un molde, vierta el preparado, espolvoréelo con el queso y gratine en el horno hasta que se solidifique. Para comprobar que está listo el pudin, introduzca una aguja en el centro, si sale limpia habrá terminado la cocción.
- Deje enfriar el pudin antes de desmoldarlo y sírvalo cortado en porciones.

Lenguado con salsa de puerro y champiñón

Ingredientes para 4 raciones

4 filetes de lenguado
Sal
Pimienta

Para la salsa:
1 puerro
150 g de champiñones frescos
Zumo de 1/2 limón
50 g de aceite
400 g de tomate triturado
1 cucharadita de azúcar
Sal

Modo de preparación

- Salpimiente los filetes de lenguado, enróllelos y colóquelos en el recipiente varoma. Lave el puerro, deseche la parte verde y quítele las capas externas. Trocéelo y reserve.
- Lave los champiñones, trocéelos y rocíelos con el zumo de limón.
- Eche en el vaso el puerro, los champiñones y el aceite, y programe 12 segundos, velocidad 5. Baje los restos de las paredes del vaso con la espátula.
- A continuación, programe 7 minutos, temperatura varoma, velocidad $3^{1/2}$. Baje de nuevo los restos de la tapadera y las paredes, y añada el tomate, el azúcar y la sal; programe 10 minutos, temperatura varoma, velocidad 1.
- Transcurrido el tiempo, coloque el recipiente varoma y programe 10 minutos, temperatura varoma, velocidad 1.
- Retire el recipiente varoma y déjelo enfriar antes de abrir.
- Compruebe que la salsa esté bien triturada; de no ser así, programe 6 segundos, velocidad 5.
- Disponga el pescado en platos individuales y vierta la salsa por encima.

Croquetas de huevo duro

Ingredientes para 4 raciones

4 huevos duros

Para la besamel:

50 g de aceite de oliva
100 g de mantequilla
150 g de harina
800 g de leche
1 pizca de nuez moscada
1 pizca de sal

Para rebozar y freír:

3 huevos
200 g de pan rallado
Aceite de oliva

Modo de preparación

- Para preparar la besamel introduzca en el vaso el aceite y la mantequilla, y programe 3 minutos, temperatura varoma, velocidad 3.
- Añada la harina y programe 1 minuto, temperatura 100 °C, velocidad $2^{1/2}$. Agregue el resto de los ingredientes de la besamel y programe 10 segundos, velocidad 6. A continuación, programe 7 minutos, temperatura varoma, velocidad $2^{1/2}$. Reserve.
- Retire la cáscara de los huevos duros y córtelos en cuñas. Reserve.
- Vierta la besamel en un cuenco hondo. Introduzca los huevos troceados uno a uno y, con la ayuda de dos cucharas, envuélvalos con la besamel. Disponga los huevos en una fuente ligeramente humedecida con agua y déjelos enfriar.
- Reboce las croquetas de huevo duro con las manos pasándolas por el huevo batido y el pan rallado.
- Fría las croquetas en abundante aceite caliente hasta que se doren.

Albóndigas estofadas con guisantes

Ingredientes para 4 raciones

8 cucharadas de guisantes congelados

Para las albóndigas:

1 diente de ajo

500 g de carne de ternera picada

50 g de queso parmesano rallado

1 cucharadita de perejil picado

Sal

200 g de pan rallado

Aceite de oliva

Para la salsa:

1 zanahoria

1/2 cebolla

20 g de aceite de oliva

400 g de tomate triturado

1/2 cucharadita de azúcar

1 hoja de laurel

Sal

Modo de preparación

- Deje descongelar los guisantes en el cestillo. Reserve.
- Mezcle en un cuenco el diente de ajo pelado y troceado con la ternera picada, el queso, el perejil y la sal.
- Forme las albóndigas y páselas por pan rallado.
- En una sartén con aceite caliente fría las albóndigas hasta que se doren e introdúzcalas en el cestillo con los guisantes descongelados.
- Para preparar la salsa, pele la zanahoria y la cebolla, córtelas en trocitos, introdúzcalas en el vaso junto con el aceite y programe 10 segundos, velocidad 5. Baje los restos de las paredes con la ayuda de la espátula y programe 5 minutos, temperatura varoma, velocidad $3^{1/2}$.
- Agregue el tomate, el azúcar, el laurel y la sal. Coloque el cestillo dentro del vaso y programe 15 minutos, temperatura varoma, velocidad 1.
- Sirva las albóndigas en platos individuales y báñelas con la salsa preparada.

Setas de huevo duro

Ingredientes para 4 raciones

100 g de guisantes congelados
2 tomates pequeños
4 huevos
500 g de agua
Sal

Para el relleno:
3 cucharadas de mayonesa

Para la decoración:
3 cucharadas de mayonesa

Modo de preparación

- Ponga los guisantes en el recipiente varoma.
- Lave los tomates, córtelos por la mitad, vacíelos y reserve.
- Lave los huevos y póngalos en el cestillo.
- Vierta en el vaso el agua y la sal, introduzca el cestillo con los huevos. Coloque el recipiente varoma encima de la tapadera y programe 20 minutos, temperatura varoma, velocidad 4.
- Retire el recipiente varoma sin abrir y reserve.
- Saque el cestillo del vaso con ayuda de la espátula y enfríe los huevos bajo el grifo de agua fría. Pélelos, corte las bases, retire las yemas y mézclelas con la mayonesa.
- Rellene los huevos con la mezcla preparada, ponga los guisantes en el plato, coloque encima los huevos rellenos y sobre ellos los tomates a modo de sombreros de las setas.
- Introduzca la mayonesa para decorar en una manga pastelera con una boquilla redonda y decore los tomates antes de servir.

Meriendas

Fresones con leche merengada

Ingredientes para 4 raciones

600 g de fresones

Para la leche merengada:

500 g de leche

La cáscara de 1 limón

3 cucharadas de azúcar

1 palito de canela

Canela en polvo

Modo de preparación

- Lave los fresones, quíteles los rabillos y trocéelos. Reserve.
- Introduzca en el vaso todos los ingredientes para preparar la leche merengada excepto la canela en polvo y programe 6 minutos, temperatura varoma, velocidad 1.
- Deje enfriar la leche merengada a temperatura ambiente y, a continuación, retire el palito de canela y la cáscara de limón; reserve en el frigorífico.
- Coloque los fresones en copas individuales y vierta por encima la leche merengada bien fría y espolvoreada con canela.

Bizcocho de cacao

Ingredientes para 4 raciones

4 huevos
360 g de harina
80 g de cacao
1 sobre de levadura
1 yogur natural
125 g de aceite de oliva
250 g de azúcar

Nota: *este bizcocho es ideal para merendar acompañado con un buen vaso de leche.*

Modo de preparación

- Separe las claras de las yemas y reserve. Mezcle en un recipiente la harina, el cacao y la levadura. Reserve.
- Ponga la mariposa en las cuchillas, eche las claras y programe 4 minutos, velocidad 3. Saque las claras montadas del vaso y resérvelas en un recipiente de cristal en el frigorífico; retire la mariposa de las cuchillas.
- Lave el vaso e introduzca las yemas reservadas junto al resto de los ingredientes salvo las claras montadas; programe 2 minutos, velocidad 3. Al cabo de ese tiempo, baje de las paredes del vaso los restos y programe 12 segundos, velocidad $2^{1/2}$. Vierta la mezcla en un cuenco, añada las claras y mezcle con movimientos envolventes hasta obtener una crema homogénea.
- En un molde engrasado con mantequilla vierta el preparado y hornee con el horno precalentado a 180 °C durante 30 minutos sin abrir.
- Compruebe que el bizcocho está en su punto introduciendo una aguja en el centro. Si sale limpia, estará terminado. De no ser así, déjelo unos minutos más a la misma temperatura.

Yogur de frutas variadas

Ingredientes para 4 raciones

150 g de fresas
1 pera
1 manzana
1 plátano
100 g de leche
4 yogures naturales
4 cucharadas de nata líquida
1 cucharada de azúcar

Modo de preparación

- Lave las fresas bajo el grifo, córteles los rabitos, trocéelas y reserve.
- Pele la pera, deseche el centro, trocéela y reserve.
- Pele la manzana, descorazónela y córtela en trozos. Reserve.
- Pele el plátano, trocéelo y reserve.
- Ponga todos los ingredientes en el vaso y programe 3 minutos, temperatura 70 °C, velocidad $3^{1/2}$.
- Transcurrido el tiempo, deje reposar el yogur tapado.
- Vierta el yogur en un recipiente de cristal y resérvelo en el frigorífico hasta el momento de servir.

Galletitas

Ingredientes para 4 raciones

1 huevo
125 g de azúcar glas
250 g de harina tamizada
150 g de mantequilla ablandada
1 pizca de sal

Nota: *si desea hacer galletas de chocolate, en el paso 2 añada, junto con la harina, 50 g de cacao en polvo.*

Modo de preparación

- Introduzca en el vaso el huevo y el azúcar y programe 10 segundos, velocidad 6.
- Agregue la harina y programe 20 segundos, velocidad $3^{1/2}$. A continuación, despegue la masa del fondo del vaso y de las paredes, añada la mantequilla y programe 15 segundos, velocidad $3^{1/2}$.
- Saque la masa del vaso. Si la encuentra algo pegajosa, puede añadirle más harina y trabajarla un poco más con las manos. A continuación, envuélvala en film transparente y resérvela en el frigorífico durante 1 hora.
- Pasado el tiempo, saque la masa del frigorífico para que alcance la temperatura ambiente y extiéndala sobre una superficie plana, espolvoreada con harina, con la ayuda de un rodillo hasta que tenga un grosor de 0,5 cm.
- Utilice cortapastas de diferentes formas para hacer las galletas y téngalas 20 minutos en el horno precalentado a 180 °C vigilando que no se quemen.
- Guarde las galletitas en una caja de metal para que se conserven bien.

Crepes de jamón de york y queso

Ingredientes para 4 raciones

Para las crepes:

125 g de harina
250 g de leche
1 huevo
1 cucharada de aceite
1 pizca de sal
Mantequilla

Para el relleno:

4 lonchas de jamón de york
4 lonchas de queso especial para fundir

Modo de preparación

- Ponga todos los ingredientes para hacer las crepes en el vaso excepto la mantequilla y programe 15 segundos, velocidad 3. Deje reposar la masa un mínimo de media hora antes de utilizarla.
- Unte una sartén con media cucharadita de mantequilla y póngala al fuego; cuando esté caliente, vierta la masa hasta cubrir el fondo. Mueva la sartén para que la mezcla no se pegue y, cuando se haya dorado ligeramente por un lado, dele la vuelta.
- Cuando la crepe esté dorada por ambos lados, sin retirar de la sartén coloque sobre ella una loncha de jamón de york y otra de queso. Enrolle la crepe con la ayuda de un tenedor y déjela unos instantes más en la sartén para que se funda el queso.
- Repita la misma operación con la masa restante.
- Sirva las crepes al momento para que no se enfríen.

Batido de chocolate con frutas

Ingredientes para 4 raciones

1 plátano

1 manzana

1 kg de leche entera

4 cucharadas de leche en polvo

6 cucharadas de cacao en polvo azucarado

Modo de preparación

- Pele el plátano y trocéelo.
- Pele la manzana, descorazónela y córtela en trozos.
- Introduzca en el vaso las frutas y programe 25 segundos, velocidad progresiva 5-7-9. Baje los restos de las paredes del vaso con ayuda de la espátula y compruebe que las frutas estén bien trituradas; de no ser así, programe unos segundos más a la misma velocidad.
- A continuación, añada al vaso el resto de los ingredientes y programe 1 minuto, velocidad 10.
- Transcurrido el tiempo, vierta el batido en una jarra de cristal y déjelo enfriar en el frigorífico antes de consumir.

Papilla de fruta con galletas

Ingredientes para 4 raciones

2 melocotones
3 plátanos
2 kiwis
3 manzanas
El zumo de 2 naranjas recién exprimidas
6 galletas maría

Nota: *puede sustituir las frutas indicadas por otras si lo prefiere.*

Modo de preparación

- Pele los melocotones, deseche el hueso y trocéelos. Reserve.
- Pele los plátanos, trocéelos y reserve.
- Pele los kiwis, trocéelos y reserve.
- Pele las manzanas, descorazónelas y córtelas en trozos. Reserve.
- Trocee las galletas.
- Introduzca todos los ingredientes en el vaso, programe 10 segundos, velocidad 5 y, a continuación, 10 segundos, velocidad 10. Compruebe que la papilla ha quedado bien triturada; de no ser así, programe unos minutos más a la misma velocidad.

Minipizzas

Ingredientes para 6 raciones

200 g de agua

50 g de aceite

1 pizca de sal

400 g de harina

1 sobre de levadura de panadería

120 g de jamón de york

12 cucharadas de tomate frito

36 aceitunas verdes sin hueso

180 g de queso mozzarela rallado

Modo de preparación

- Para preparar la masa, introduzca el agua, el aceite y la sal en el vaso y programe 1 minuto, temperatura 40 °C, velocidad 2. Añada la harina y la levadura, y programe 1 minuto, velocidad espiga.
- Retire la masa del vaso con las manos ligeramente engrasadas con aceite y déjela reposar tapada con un paño húmedo.
- Eche en el vaso el jamón de york y programe 4 segundos, velocidad $3^{1/2}$. Reserve.
- Corte las aceitunas en cuatro y reserve.
- Divida la masa en seis porciones y forme las minipizzas con ayuda de un rodillo. Colóquelas en la bandeja del horno ligeramente engrasada con aceite. Ponga sobre cada minipizza una capa de tomate bien extendida, encima una de queso y sobre ésta una capa de jamón de york. Termine las pizzas colocando las aceitunas por encima.
- Precaliente el horno a 225 °C, introduzca la bandeja y deje cocer las minipizzas durante 30 minutos aproximadamente.

Batido de sandía

Ingredientes para 4 raciones

1 sandía pequeña
4 cucharadas de leche condensada
El zumo de 1 naranja

Modo de preparación

- Vacíe la sandía, quítele las pepitas y reserve.
- Introduzca en el vaso la pulpa troceada de la sandía y programe 30 segundos, velocidad máxima. Compruebe que ha quedado bien triturada; de no ser así, programe unos segundos más a la misma velocidad.
- Añada la leche condensada y el zumo de naranja, y programe 15 segundos, velocidad $3^{1/2}$; a continuación, programe 30 segundos, velocidad máxima.
- Eche el batido en una jarra, preferentemente de cristal, e introdúzcala en el frigorífico.
- Sirva el batido bien frío.

Buñuelos nevados

Ingredientes para 4 raciones

Para la masa:

1 naranja

3 huevos

1 yogur natural

1 cucharada de aceite de oliva

200 g de harina

1 sobre de levadura

Para freír:

Aceite de oliva

La cáscara de 1 limón

Para espolvorear:

50 g de azúcar glas

Nota: también puede bañar los buñuelos con miel.

Modo de preparación

- Pele la naranja y trocéela.
- Introduzca en el vaso la naranja y programe 15 segundos, velocidad progresiva 5-7-9.
- Baje los restos de las paredes del vaso con la espátula. A continuación, añada los huevos, el yogur y el aceite, y programe 10 segundos, velocidad 5.
- Agregue la harina mezclada con la levadura y programe 15 segundos, velocidad 6.
- En una sartén con abundante aceite caliente, fría la corteza de limón hasta que se dore; retírela. A continuación, vaya echando pequeñas cantidades de la masa y deje freír hasta que adquieran un tono dorado.
- Retire los buñuelos de la sartén y déjelos escurrir sobre papel absorbente para eliminar el exceso de aceite.
- Deje enfriar los buñuelos y sírvalos espolvoreados con azúcar glas.

Postres

Crema de requesón

Ingredientes para 4 raciones

Para la crema:

80 g de pasas sin pepitas

5 cucharadas de cereales de trigo en copos

2 manzanas

250 g de requesón

1 cucharada de miel

Para decorar:

Unas hojitas de menta

Modo de preparación

- Ponga en remojo las pasas y los cereales por separado durante 30 minutos.
- Pele las manzanas, deseche el corazón, trocéelas e introdúzcalas en el vaso. Programe 10 segundos, velocidad progresiva 5-7-9. Baje los restos de las paredes del vaso y compruebe que la manzana ha quedado bien triturada; de no ser así, programe unos segundos más a la misma velocidad. Reserve.
- Sin lavar el vaso, introduzca el requesón y los cereales y las pasas escurridos; programe 10 segundos, velocidad 5. Baje los restos de las paredes del vaso y de la tapadera con la ayuda de la espátula. Compruebe que ha quedado una mezcla homogénea; de no ser así, programe unos segundos más a la misma velocidad.
- Incorpore al vaso la manzana triturada y la miel, y programe 10 segundos, velocidad 1.
- Distribuya la crema en recipientes individuales e introdúzcalos en el frigorífico. Sirva la crema decorada con unas hojitas de menta.

Delicias de chocolate

Ingredientes para 4 raciones

50 g de almendras
6 claras de huevo
300 g de chocolate para fundir
6 yemas de huevo
150 g de azúcar glas

Modo de preparación

- Introduzca las almendras en el vaso y programe 20 segundos, velocidad progresiva 5-7-9. Reserve.
- Lave y seque el vaso, coloque la mariposa en las cuchillas, eche las claras y programe 6 minutos, velocidad 3. Reserve las claras montadas en un cuenco dentro del frigorífico.
- Cueza al baño maría el chocolate previamente troceado hasta que se deshaga. Deje atemperar.
- Lave y seque el vaso. Eche las yemas con el azúcar y programe 1 minuto, velocidad $3^{1/2}$. Incorpore las almendras y el chocolate fundido, y programe 20 segundos, velocidad $3^{1/2}$. Retire del vaso y reserve.
- Incorpore a la mezcla reservada las claras montadas moviéndolas de abajo arriba con la espátula.
- Engrase ligeramente unos moldes, vierta en ellos el preparado y métalos en el congelador. Desmolde las delicias 2 horas antes de servir sumergiendo los moldes en agua caliente.

Flan de magdalenas

Ingredientes para 4 raciones

4 magdalenas

Para el flan:

500 g de leche

120 g de azúcar

1 palito de canela

La cáscara de 1 limón

5 huevos

Para decorar:

Caramelo líquido

Modo de preparación

- Desmenuce las magdalenas en moldes individuales y coloque éstos en un recipiente más grande. Reserve.
- Introduzca en el vaso los ingredientes para preparar el flan menos los huevos y programe 6 minutos, temperatura varoma, velocidad 1. Deje enfriar la mezcla dentro del vaso unos minutos.
- Retire del vaso el palito de canela y la cáscara de limón. Bata en un recipiente los huevos y añádales poco a poco el preparado reservado moviendo con unas varillas.
- Retire la espuma que se haya formado, vierta la mezcla en los moldes reservados y llene de agua caliente el recipiente mayor hasta la mitad de los moldes individuales. A continuación, tápelos con papel de aluminio e introdúzcalos en el horno precalentado a 160 °C durante 45 minutos.
- Deje enfriar los flanes antes de desmoldarlos y báñelos con el caramelo líquido.

Flan con gelatina

Ingredientes para 4 raciones

4 hojas de gelatina
500 g de leche
125 g de azúcar
1 vaina de vainilla
4 yemas de huevo

Para decorar:
Caramelo líquido
4 guindas

Modo de preparación

- Ponga en remojo las hojas de gelatina con agua fría.
- Introduzca en el vaso la leche, el azúcar y la vaina de vainilla abierta, y programe 6 minutos, temperatura varoma, velocidad 1.
- Abra el robot de cocina *Thermomix®* y retire la vainilla.
- Programe 1 minuto, velocidad $1^{1/2}$ y vaya añadiendo poco a poco las yemas batidas y, a continuación, la gelatina muy bien escurrida. Transcurrido el tiempo, programe 10 segundos, velocidad progresiva 5-7-9 para que la gelatina se mezcle bien.
- Vierta el contenido del vaso en moldes individuales e introdúzcalos en el frigorífico para que se solidifiquen.
- Desmolde los flanes introduciéndolos en agua caliente. Adorne la gelatina con caramelo líquido y una guinda.

Compota de manzana y plátano

Ingredientes para 4 raciones

3 manzanas golden
3 plátanos
3 cucharaditas de zumo de limón
3 cucharadas de azúcar
450 g de agua

Modo de preparación

- Pele las manzanas, descorazónelas y córtelas en trozos. Reserve.
- Pele los plátanos y trocéelos. Reserve.
- Ponga en el vaso todos los ingredientes y programe 4 minutos, temperatura varoma, velocidad 4.
- Baje los restos de las paredes del vaso con la ayuda de la espátula y programe 7 minutos, temperatura varoma, velocidad 4.
- Vierta la compota en recipientes individuales y deje enfriar.

Helado de fresa

Ingredientes para 4 raciones

600 g de fresones

100 g de petit suisse natural

8 cucharaditas de azúcar glas

Unas gotas de zumo de limón

2 cubiletes de nata líquida

Modo de preparación

- Lave los fresones, deseche los rabillos y trocéelos. Reserve.
- Introduzca en el vaso los fresones, el petit suisse, el azúcar y el zumo de limón, y programe 1 minuto, velocidad progresiva 5-7-9.
- Agregue la nata y programe 20 segundos, velocidad $3^{1/2}$.
- Vierta la mezcla preparada en una cubitera, preferentemente de metal, y déjela en el congelador hasta que solidifique.
- Retire la cubitera del congelador y eche su contenido en el vaso; programe 15 segundos, velocidad 5. Transcurrido el tiempo vierta el preparado en moldes especiales para helado y reserve de nuevo en el congelador hasta que el helado haya tomado consistencia.

ÍNDICE